I0787727

Der Autor

Oliver Plattig wurde 1977 in der brandenburgischen Stadt Eberswalde-Finow geboren. Er studierte nach dem Abitur viele Jahre Rechtswissenschaften, um dann schließlich doch einen anderen Weg einzuschlagen: Aus seinem Hobby und Nebenjob wurde im Oktober 2010 schließlich der Vollzeit-Hochzeits- und Event DJ. Zwischenzeitlich absolvierte er eine Ausbildung zum Diplom-Eventmanager und Toningenieur. Als Hochzeits DJ hat er in den vergangenen zwölf Jahren mehrere Hundert Hochzeitsfeiern musikalisch und organisatorisch begleitet. Oliver Plattig ist verheiratet mit seiner Frau Stephanie und wohnt in der Gemeinde Michendorf unweit der Landeshauptstadt Brandenburgs, Potsdam. Gemeinsam haben sie zwei Söhne.

Das Buch

„Wenn die Nacht zur Party wird“ erzählt die schönsten, lustigsten, traurigsten, aber auch merkwürdigsten Geschichten aus dem Leben des professionellen Hochzeitsdiscjockeys Oliver Plattig *(„DJ Starlight“)*. Darüber hinaus gibt das Buch einige hilfreiche Tipps bei der Planung und Umsetzung des großen Tages für zukünftige Brautpaare, denn viele Fehler können bereits im Vorfeld der Hochzeitsfeier vermieden werden, wenn man einige wichtige Dinge bedenkt.

Oliver Plattig

Immer lachen – Wenn die Nacht zur Party wird

Die Erlebnisse eines Hochzeits- und Event DJs

**Immer lachen –
Wenn die Nacht zur Party wird**
Die Erlebnisse eines Hochzeits- und Event DJs

Alle Namen der handelnden Personen sowie die meisten Orte der Veranstaltungen wurden zum Schutz der Persönlichkeitsrechte abgeändert, so dass keinerlei Rückschlüsse auf die ursprüngliche Veranstaltung stattfinden können. Die Erlebnisse wurden von mir so aufgeschrieben, wie sie meiner Erinnerung nach stattgefunden haben.

Aus Gründen der besseren Lesbarkeit wird bei Personenbezeichnungen und personenbezogenen Hauptwörtern in diesem Buch die männliche Form verwendet. Entsprechende Begriffe gelten im Sinne der Gleichbehandlung grundsätzlich für alle Geschlechter. Die verkürzte Sprachform hat nur redaktionelle Gründe und beinhaltet keine Wertung.

1. Auflage
Originalausgabe März 2023
Copyright © 2023 Oliver Plattig

Illustrationen & Titelbild: Sylvia Voß, Nideggen
Lektorat: DUDEN Mentor
Gedruckt in Deutschland
ISBN: 9798367216745
www.djoliverplattig.de

Danksagung

Ich widme dieses Buch meiner lieben Frau Stephi, meinen beiden Söhnen Julian und Lucas sowie meinen Eltern Karl-Heinz und Christa Plattig. In den vielen Jahren meiner Selbstständigkeit – mit allen Höhen und Tiefen – haben sie immer hinter mir gestanden, mir den Rücken freigehalten und mich nach Kräften unterstützt. Danke für alles.

INHALTSVERZEICHNIS

Vorwort

Als ich vor wenigen Jahren das Werk des Kollegen Thomas Sünder *„Wer Ja sagt, darf auch Tante Inge ausladen"* an einem einzigen Abend in der der Badewanne las, kam mir ständig der Gedanke: *„Mensch, das hast Du doch auch schon erlebt und manchmal sogar noch viel mehr!"*

Nichts lag also näher, als meine persönlichen Erlebnisse als Hochzeits- und Event DJ niederzuschreiben, um mich später an sie zu erinnern und Brautpaaren, Geburtstagskindern oder Unternehmen zu helfen, ihre eigene Veranstaltung vor den gröbsten Fehlern zu schützen. *„Immer lachen - Wenn die Nacht zur Party wird"* ist neben einer hoffentlich unterhaltsamen Erzählung außerdem ein Ratgeber für die Planung von Events. Das Schreiben dieses Buches stand seit vielen Jahren auf meiner To-Do-Liste, aber erst während der Corona-Pandemie in unserem Land fand ich endlich die Zeit, das Werk zu vollenden.

Intro

Montag. Der Wecker des iPhones klingelt etwas später an diesem ersten Tag der neuen Woche – nicht umsonst heißt es in der Branche: *„Der Montag ist des DJs Sonntag!"* Donnerstag im Spreewald, Freitag in Dresden und am Samstag ging es auf die Insel Rügen zu jeweils einer Hochzeitsfeier – Sonntag mit der Familie dann noch eine schöne Zeit am Strand in Binz verbracht und schließlich wieder ab nach Hause, so verlief das letzte Wochenende. Drei glückliche Brautpaare, viele zufriedene Hochzeitsgäste und mehr als 30 Stunden Musik in Partylautstärke auf den Ohren. Dazu mehr als 1.000 Kilometer gefahren und nur wenig Schlaf. Das Alles ist normal für einen hauptberuflichen Profi DJ wie mich und das mache ich auch sehr gerne, weil ich es kann und weil ich es liebe. Ein berühmtes Zitat von Konfuzius lautet: *„Wähle einen Beruf, den du liebst, und du brauchst keinen Tag in deinem Leben mehr zu arbeiten."* Hätte ich das früher beherzigt, dann wären mir etliche Jahre eines semi-erfolgreichen Jurastudiums in Bielefeld und Potsdam wohl erspart geblieben.

Ich stand auf, machte mich im Badezimmer wieder zu einem Menschen und startete mit einer großen Tasse Kaffee ins Arbeitsleben. In meinem Büro, im eigenen Haus zu meiner Zeit – ja, ich liebe die Selbstständigkeit und kann mir ehrlich gesagt gar nicht mehr vorstellen, als Angestellter in einem Unternehmen tätig zu sein. Doch wo Licht ist, ist auch Schatten, wie mir die Corona-Pandemie im Jahr 2020 deutlich vor Augen geführt hat: Hohe Umsätze und satte Gewinne sind schon etwas Großartiges, aber unverschuldet und ungebremst von 100 auf null zu fallen ist dann weitaus weniger lustig. Eine Erfahrung, die ich in den vielen Jahren mit meinem Gewerbe gemacht habe, ist: Wenn Du oben bist, möchten viele Menschen mit dir tauschen und Neider warten an jeder Ecke. Wenn Du aber gar nichts mehr hast, dann erntest du maximal ein paar mitleidige Blicke, die zu sagen scheinen: *„Hätte er doch mal was Ordentliches gelernt.“*

Ich sitze also auf meinem komfortablen Drehstuhl an meinem akribisch eingerichteten Schreibtisch und sortiere meinen E-Mail-Posteingang. Seit gestern sind wieder mehrere Anfragen für Hochzeiten im nächsten Jahr eingetroffen, welche bearbeitet werden wollen. Ich bezahle die Rechnungen von anderen Unternehmen, aktualisiere im Anschluss verschiedene Internetseiten und kümmere mich um die zahlreichen Social-Media-Kanäle meiner kleinen Firma. Gegen Mittag, so finde ich, habe ich mir dann eine kleine Pause verdient, bevor die Kinder aus der Schule nach Hause kommen. Kaum auf der Couch überkommt es mich normalerweise furchtbar schnell: *„Das kleine Schlafilein“*, wie ich es gerne nenne. Doch diesmal schlafe ich nicht, nein, dieses Mal denke ich zurück an meine skurrilsten, gefährlichsten, witzigsten, aber auch traurigsten Hochzeitsfeiern und Veranstaltungen der vergangenen zwölf Jahre – davon gab es nun wirklich so einige.

Von all diesen Erlebnissen möchte ich in meinem Buch berichten und Tipps zu geben, wie man es an manchen Stellen besser machen kann, damit es erst gar nicht zu solchen extremen Auswüchsen kommt.

Meine Erlebnisse

Peinlich geht die Welt zugrunde

So geschehen in einer edlen Hochzeitslocation, in welcher ich zur Hochzeit von Sabine und Maik gebucht war. Neben den wie immer üblichen Reden kam hier kurz vor 18 Uhr das Spiel *„Wie gut kennt ihr eure Gäste?"* zu seinem großen Auftritt. Bei diesem typischen und sehr beliebten Hochzeitsspiel setzt sich das Brautpaar mit Stühlen auf die Tanzfläche und blickt in Richtung seiner Gäste. Hinter den beiden werden nun handgebastelte, sehr große und gut zu lesende Plakate hochgehalten, auf welchen bestimmte Eigenschaften der Anwesenden angezeigt werden. Das sind Parameter wie *„trägt eine Brille"* oder *„waren schon mal gemeinsam im Urlaub"*. Derjenige, auf den der angezeigte Text zutrifft, steht auf und das Brautpaar muss jetzt erraten, welche Gemeinsamkeiten alle stehenden Gäste miteinander haben. Dieses Spiel gehört zu den weniger peinlichen Gesellschaftsspielen auf einer Hochzeitsfeier – eigentlich.

Bei Sabine und Maik hatten die Trauzeugen eine ganz bestimmte Frage in petto und so wurde *„hatte heute Nachmittag schon Sex"* angezeigt. Ich hätte niemals gedacht, dass hier tatsächlich jemand aufsteht, aber das Gegenteil war der Fall: Georg und Maria, die Eltern der Braut, erhoben sich und der ganze Saal jubelte und feierte. Angestachelt von der Party-Meute machten die beiden eindeutige Bewegungen, Georg klatschte seiner Frau auf den Hintern und die Braut rief entzückt: *„Alle die heute schon gevögelt haben!"* Der aufbrandende Jubel kannte keine Grenzen mehr und die Brauteltern führten nun, offenbar angestachelt durch die Gäste, ihre bevorzugte sexuelle Spielweise vor. Inmitten von 65 Verwandten und Freunden, darunter auch einigen kleinen Kindern, begab sich Maria auf die Knie, Georg stellte sich dahinter und die beiden simulierten unmissverständlich eine gute halbe Minute lang den sogenannten Doggy-Style. Unter den anfeuernden Rufen *„Gibs ihr, Georgi-Boy"*, *„Komm schon, die braucht das jetzt"* und *„Richtig so, Cowboy"* konnte ich mit den anwesenden Servicekräften der Location gemeinsam nur ungläubig den Kopf schütteln. Das Brautpaar und alle Gäste hatten Spaß. Im Anschluss ging es normal mit Eigenschaften wie *„trägt ein rotes Kleid"* weiter und nichts erinnerte mehr an das zuvor Geschehene.

Weitaus weniger amüsant, aber eben auch zu diesem Spiel trug sich folgende Geschichte auf einer anderen Hochzeitsfeier zu. Die betreffende Frage stellte sich hier nach dem Status der anwesenden Frauen. Cousin und Trauzeuge Ingo wollte seinen Eltern gerne mitteilen, dass diese bald Oma und Opa werden. Nach Sichtung des Plakates mit den Worten *„ist gerade schwanger"*, stand die dunkelhäutige Zola auf und grinste über beide Backen. Das Brautpaar wusste offenbar noch nicht Bescheid und kam nicht auf die Lösung. Ein paar vereinzelte Hinweise wurden gegeben und dann platzte es aus der Braut Sina heraus: *„Zola wird Mutter!"* Der ganze Saal jubelte, nur bei zwei Menschen wechselte sich die Gesichtsfarbe von zartem Rosa in ein zorniges Rot. Die Eltern von Ingo empfanden das nicht als schöne Überraschung und verließen wutentbrannt den Saal des edlen Hotels. Es folgten Tränen der Freude, aber auch der Enttäuschung und Wut unter allen Gästen. Eine ausgelassene Feierstimmung wollte in den nächsten Stunden nicht mehr richtig aufkommen.

In Erinnerung geblieben sind mir aus den vergangenen Jahren außerdem noch zwei Situationen, in denen ich auf einem Firmenevent mal einen getragenen Slip aufs Pult geworfen bekam und bei derselben Veranstaltung von zwei etwas älteren Damen (Mitte 50) die Zimmernummer des Hotels erhielt, mit der Bitte, nachher doch unbedingt vorbeizuschauen, um gemeinsam mit ihnen *„etwas zu machen"*.

Andere Missgeschicke auf Hochzeitsfeiern, wo man sich als DJ gerne mal die Hand vor das Gesicht hält, passieren dagegen öfter als gedacht. Der versehentlich oder absichtlich vergessene BH unter dem Kleid fällt spätestens bei der *„Reise nach Jerusalem"* auf, wenn man ganz schnell rennen muss und versucht, bestimmte Gegenstände aus der Location und von den Gästen zusammenzusammeln. Mindestens aber mir als Dienstleister, wenn sich die Frauen abends ganz eng an mich drücken und ihren Musikwunsch hauchen, der *„bitte, bitte"* ganz unbedingt heute noch gespielt werden muss.

Ich werde oft gefragt, wie ich damit umgehe und was denn meine Ehefrau dazu sagt. Meine Frau weiß, dass ich sie liebe und dass Arbeit und Privates zwei völlig verschiedene Dinge sind. Außerdem flirte ich niemals mit meinen Kundinnen und trage auf jeder Veranstaltung meinen Ehering. In den ersten Jahren meiner Selbstständigkeit war ich in solchen Situationen zugegeben sehr unsicher, mit der Zeit wird man aber wesentlich entspannter. Es ist schon merkwürdig, wenn hübsche junge Frauen sich fest an einen kuscheln und der eifersüchtige Freund, vielleicht zehn Meter entfernt, schaut mit bösem Blick herüber. Ich versuche dann immer, mich der Situation zu entziehen und normal mit den Frauen zu sprechen. Das ist in ihrem volltrunkenen Zustand zugegeben nicht mehr so leicht, war bisher aber allzeit zielführend. Schwierigkeiten mit den Männern der Frauen hatte ich glücklicherweise in meiner bisherigen DJ-Laufbahn noch nie.

Wer denkt, dass junge Ehepaare nach ihrer Hochzeit immer ein Herz und eine Seele, für alle Ewigkeit verbunden sowie treu bis ans Ende der Zeit sind, der irrt sich ganz gewaltig. Spätestens seit der Geschichte von Janet und Ronnys Party ist klar, dass Alkohol die Menschen manchmal komisch macht. Eine Freundin von Janet hatte dem Alkohol sehr stark zugesprochen und war nun, wie man landläufig sagt, *„mannstoll"* unterwegs. Wie ich während des Auflegens sehen konnte, versuchte sie ihr Glück bei den zahlreichen Männern auf der Feier und wurde dabei von diesen einmal mehr, mal weniger deutlich zurückgewiesen. Irgendwann landete das lüsterne Fräulein dann auch bei mir und probierte es mit allerlei versauten Anzüglichkeiten, welche an mir natürlich abprallten. Also zog sie nach ein, zwei deftigen Beleidigungen in meine Richtung weiter und kam schließlich am Bräutigam vorbei, nur etwa zehn Meter von meinem Pult entfernt. Es war ein sehr feucht-fröhlicher Abend für die Hochzeitsgäste, sodass viele mit sich selbst beschäftigt waren und nicht jeder mitbekam, was der andere so trieb. Die junge Dame hatte jedenfalls Erfolg beim frisch verheirateten Ronny. Sie tauschte einen wilden Zungenkuss mit dem Neu-Ehemann, griff ihm in den Schritt und verschwand mit ihm in Richtung Toilette der Party-Location. Einige Stunden später, tief in der Nacht, war die Frau erneut auf Männerjagd: Irgendwann lag sie dann nur noch in einer Ecke des Gasthauses und schlief ihren Rausch aus. Janet bekam von alledem nichts mit – ein Glück, wie wir bei einer späteren Geschichte noch sehen werden.

Das Thema Untreue spielt speziell auf Firmenevents eine große Rolle. Sicherlich tue ich vielen Menschen damit unrecht, aber was dort gerade in der Weihnachtszeit abgeht, ist schon sehr grenzwertig. Erst im vergangenen Winter erlebte ich eine solche Veranstaltung mit *„Männerüberschuss"*. Inga, die Empfangsdame des Unternehmens, war eine der ersten Gäste in der Scheune und genehmigte sich kurzerhand drei Becher Glühwein. Beim Tanz nach dem abendlichen Buffet wurde sie sichtlich angetrunken von einem Auszubildenden namens Johannes belagert und beide stießen mehrmals die Hintern aneinander. Auf die Frage: *„Inga, willst du meine Freundin sein?"* hob diese ihre Hand und schrie: *„Nein, guck mal, ich bin doch verheiratet!"* Doch Johannes ließ nicht locker und hatte am Ende Erfolg. Keine fünf Songs später landete seine Zunge in Ingas Hals, seine Hand unter ihrem T-Shirt und beide schwankten engumschlungen unter dem Gejohle der Mitarbeiter zur Toilette, wo sie eine lange Zeit blieben und später sichtlich erschöpft, herauskamen.

Zurück zu den Peinlichkeiten auf Hochzeitsfeiern: ein weiteres Missgeschick ist mir in Erinnerung geblieben, wenn ich an ein Spiel denke, von dem ich gar nicht mehr genau weiß, welches es war. In jedem Fall musste der weibliche

Gast über vier andere Männer krabbeln und dabei rutschte das ohnehin sehr kurze Kleid nach oben. Einen Slip trug die attraktive junge Dame keinen, was im ganzen Saal nicht unbemerkt blieb. Ihr Allgemeinzustand war nicht mehr der Allerbeste, denn sie hatte in den vergangenen Stunden viel getrunken. Nachdem sie ihren Fauxpas bemerkte, die lüsternen Rufe und das Pfeifen der anderen Männer blieben ihr natürlich nicht verborgen, versuchte sie krampfhaft, ihr Kleid zu raffen und von der Bühne zu gelangen. Dabei stolperte sie und lag nun breitbeinig vor meinem DJ-Pult und sah mich an. Das hatte für einen kurzen Moment tatsächlich etwas von einem Auftritt auf der VENUS-Messe oder einem Porno. Ich schaute irritiert zur Seite, während der jungen Frau flink drei Freundinnen zur Hilfe eilten. Die anwesenden Männer waren dabei keine Unterstützung, sie bekamen sich vor lauter feixen nicht mehr ein. Einen Slip trug Sissy auch viele Stunden später noch nicht, wie sich bei einem weiteren Spiel zeigte. Der Lerneffekt aus der Situation war bei ihr also gleich null.

Derlei Unfälle passieren selten, aber sie kommen hin und wieder vor. Ab und zu bekommt man als DJ deshalb unerwünscht tiefe Einblicke in den Körper junger Damen. Wie kann man so etwas verhindern? BH und Slip anziehen ist zu diesem Zeitpunkt der einzige Tipp und natürlich, das gilt für alle hier noch zu erzählenden Erlebnisse: Vorsicht mit dem Alkohol, denn der ist immer wieder für die verrücktesten Storys verantwortlich. Ganz besonders schlimm wird es bei Veranstaltungen mit sogenannten *Cocktail-Flatrates*. Die süßen Getränke sorgen regelmäßig für ausschweifende Partys und totale Enthemmung, da der Alkoholgehalt oft unterschätzt wird.

Ich erinnere mich an eine Hochzeitsfeier, auf welcher eine Band mit fünf jungen Männern spielte. Gebucht war das Quintett von der Braut Nina, welche sich schon bei der Ankunft unglaublich gut mit den Bandmitgliedern verstand. Der Alkohol floss in Strömen, es war wirklich dermaßen viel – Henry, ihr Ehemann, saß irgendwann nur noch zusammengesackt und teilnahmslos am Tresen. Gegen Mitternacht kam der Hochzeitsfotograf grinsend zu mir und fragte mich, ob ich denn wisse, wo denn die Braut sei. Ich entgegnete: *„Auf der Tanzfläche sehe ich sie gerade nicht"* und er antwortete mit einem verschmitzten Lächeln: *„Kannst du auch nicht, die hat nämlich gerade einen waschechten Gangbang mit den Jungs der Band von vorhin hinten in einem Zimmer. Ich habe heimlich ein paar geile Bilder gemacht, soll ich sie dir zeigen?"* Ich habe dankend verneint, aber allein der Gedanke an diese Situation machte mich nervös.

Nicht aus den Gründen, die jetzt naheliegend wären, sondern weil ich mich dadurch unangenehm an eine Hochzeitsfeier erinnerte, welche erst ein paar Jahre zuvor in einer großen deutschen Stadt stattfand und vollkommen aus dem Ruder gelaufen war.

Massenschlägerei im Gemeindezentrum

Ich traf Pia und Daniel im März in einer Pizzeria. Die beiden warteten bereits auf mich und wir bestellten uns etwas zu essen. Das Vorgespräch gestaltete sich unproblematisch und ich hatte es mit sympathischen Kunden zu tun, welche sowohl musikalisch als auch vom Ablauf her mit Ihrer geplanten Hochzeitsfeier dem Mainstream entsprachen. Die eigentliche Party fand schließlich drei Monate später statt. Alles lief wie immer, die Anfahrt und der Aufbau erfolgten ohne Stau oder technische Schwierigkeiten. Die Feier begann mit einigen lockeren Reden von Verwandten und Freunden, es wurde getanzt, getrunken und gelacht. Zugegeben, es wurde viel getrunken, sehr viel getrunken. Vor allen Dingen selbstgemixte Cocktails.

Das erste Mal an diesem Abend wurde ich skeptisch, als ich kurz nach 21 Uhr auf die Toilette ging. Stehend am Urinal öffnete sich plötzlich die Tür und eine junge Dame kam herein. Das Makeup verschmiert, das Kleid hing nur noch an einem Zipfel und sie lallte in meine Richtung: *„Ficken?“* Ich entgegnete ein freundliches, aber bestimmtes *„Nein danke!“* und bekam als Antwort in lallendem Ton: *„Wahrscheinlich ist das sowieso besser, du hast bestimmt nur einen ganz kleinen Mini-Stummel!“* Sie sprach es und fiel um, mitten auf den Fußboden des Herren WC, welcher bereits uringetränkt und mit Erbrochenem besudelt war. Wenige Augenblicke später erschien ein, oder auch der Freund der stark alkoholisierten Dame und zog sie an den Stiefeln aus der Tür heraus, ein permanentes und durchaus lüsternes Grinsen im Gesicht. Wohin er mit ihr ging, was danach geschah, all das entzieht sich meiner Kenntnis. Kopfschüttelnd und immer noch aufgrund des hohen Ekelfaktors etwas verwirrt, trat ich den Rückweg zu meinem DJ-Pult an. Auf diesem musste ich auch an der Küche vorbei. Die Feier fand in einem Gemeindesaal statt, sodass die Hochzeitsgesellschaft viele Dinge selbst organisiert hatte. Deshalb wurde das Catering von einem externen Dienstleister übernommen und in der zur Verfügung stehenden, angemieteten Küche lediglich aufbereitet und warmgemacht.

Ich ging an der offenen Küchentür vorbei und hörte verdächtige Geräusche. Ich dachte, das gibt es nicht und machte zwei kleine Schritte zurück. Tatsächlich, es war so wie ich vermutet hatte. Über dem Spülbecken hing eine junge Dame, die zweifelsfrei als Kellnerin des engagierten Partyservice zu identifizieren war und mit der ich wenige Stunden zuvor gesprochen hatte. In diesem Gespräch kam auch heraus, dass der Bräutigam des Abends ihre frühere Jugendliebe war. Sie hing jedoch nicht über der Spüle, weil sie sich übergab, nein, ein Mann im Anzug hatte sie an den Hüften gepackt und drang mit harten Stößen und unter heftigem Stöhnen immer wieder in sie ein.

Amüsiert wollte ich den beiden ihren Spaß lassen und mich weiter meinem Job widmen, da wurde ich rabiat aus der Tür geschubst und schleuderte gegen den Türrahmen. Ein junger Mann, den ich als Bruder der Braut während der Vorstellungsrunde am Vorabend kennengelernt hatte, stürmte auf das sexuell aktive Pärchen zu, zog den Mann von der Servicekraft runter und versetzte ihm einen deftigen Faustschlag mitten ins Gesicht. Das darf nicht wahr sein, dachte ich mir, als ich den Bräutigam erkannte. Draußen feiern die Gäste und seine Frau, die er erst am Nachmittag geheiratet hat, und er nimmt hier seine ehemalige Schulfreundin Maß. Natürlich schrie die junge Kellnerin ob der Ausnahmesituation und des blutenden Bräutigams wie am Spieß, was auch den anderen Gästen im benachbarten Partysaal nicht verborgen blieb. Der Bruder der Braut war bereits wieder in diesen unterwegs und eilte zu seiner Schwester, welche in dem Moment zum Song *„I was made for lovin' you"* von KISS tanzte. Er schrie etwas von *„Der fickt gerade die Kellnerin"* und *„Ich bring ihn jetzt um"*, woraufhin die Braut wie benebelt zusammensackte. Drei Männer, welche die Situation mitbekamen, stürmten in Richtung Küche, aus welcher nunmehr der Bräutigam wiederkam, mit einem Papiertaschentuch im Gesicht, um das Blut zurückzuhalten. Einer warf ihn direkt zu Boden, die anderen beiden wurden von Partygästen zurückgehalten. Es folgten zahlreiche Ohrfeigen und Faustschläge. Ich meine mich zu erinnern, dass ich sogar Messerklingen gesehen habe, aber diese kamen zum Glück nicht zum Einsatz – kaum vorstellbar, wenn die Situation noch in diese Richtung eskaliert wäre.

Von diesem Zeitpunkt an war es mir nicht mehr möglich, genau zu analysieren und zu schildern wer wen wann schlug. Es endete auf jeden Fall in einer wüsten Massenschlägerei, wie man sie sonst nur aus dem Fernsehen und Hollywood kennt. Zwischenzeitlich hatte die vom Bräutigam so begehrte Kellnerin in ihrer Not die Polizei gerufen. Die Hochzeitsgesellschaft konnte nur durch massive polizeiliche Ordnungsrufe und Festhalten halbwegs unter Kontrolle gebracht werden. Noch vor Ort wurden die Personalien von den Partygästen aufgenommen, auch ich musste mich als Zeuge sicherheitshalber registrieren lassen – von einer jungen Polizistin direkt an meinem DJ-Arbeitsplatz.

Während der Schlägerei habe ich die ganze Zeit die Musik laufen lassen, um eine mögliche Eskalation in meine Richtung zu verhindern. Wenige Minuten später rückte ein Polizei-Transporter an, welcher insgesamt fünf Männer der Hochzeitsgesellschaft in Handschellen abführte. Mehrere Taxen waren inzwischen vorgefahren und wurden von den zahlreichen Polizisten mit Partygästen besetzt, welche sich in volltrunkenem Zustand immer noch beleidigten und bespuckten. Gegen 21.45 Uhr kehrte schließlich Ruhe ein und neben der besagten Kellnerin sowie zwei weiteren sichtlich schockierten Service-Mitarbeiterinnen war niemand mehr in der Location.

Ich zuckte mit den Schultern, beendete die Musik und begann mit dem Abbau der Veranstaltungstechnik. Die Servicekräfte sprachen untereinander kein Wort mehr. Auf dem Heimweg versuchte ich noch einmal alles zu reflektieren, zu begreifen, was mir aber bloß bedingt gelang. Am Ende kam ich für mich zu einem Ergebnis: Das war ein ausgesprochen früher Feierabend, meine Technik und ich waren heil, vielmehr gesund geblieben und das Geld wurde vom Brautpaar bereits vorab überwiesen. Was aus Pia und Daniel geworden ist, weiß ich nicht. In der Zeitung stand damals nur eine kleine Notiz im städtischen Polizeibericht. Insgesamt sind solche Vorkommnisse sehr selten. Würde so etwas jede Woche passieren, - dann wäre vor allem der Bereich Hochzeits DJ für mich nicht das Richtige.

Swingen nach der Tagesschau

An folgende kleine Anekdote erinnere ich mich immer wieder gerne, wenn ich nach den lustigsten Erlebnissen meiner DJ-Laufbahn gefragt werde.

Wer mich kennt, der weiß, dass ich Fußball über alles liebe. Aufgrund meines Jobs bin ich deshalb schon sehr traurig, wenn ich die Bundesliga-Konferenz am Samstag um 15.30 Uhr bei SKY nicht so oft schauen kann. Wann immer mir das aber möglich ist, nutze ich die Chance und dann sollte mich auch wirklich niemand stören. An diesem Samstag wurde gerade das letzte Spiel gegen 17.20 Uhr abgepfiffen, als mein Festnetztelefon klingelte. Auf das *„Hallo ist da der DJ?“* antwortete ich professionell, sachlich wie immer und erfragte den Grund des Anrufes. Der Kunde bräuchte einen Discjockey für heute Abend, exakt 20.15 Uhr nach der Tagesschau würde es losgehen. Ich fragte, wo das denn sein solle, normalerweise wäre so ein Noteinsatz nämlich überhaupt kein Problem, wenn der Termin nicht bereits vergeben war. *„Bei Hannover“* lautete die Antwort. *„Puh, das kriege ich nur noch schwer hin, denn die Anfahrt aus Potsdam bis dorthin würde ohne Stau schon allein zweieinhalb Stunden dauern. Inklusive Aufbau ...“* Nein, den würde ich gar nicht benötigen, im Penthouse wäre alles vorbereitet, da stehe eine Anlage und Boxen, Licht sei alles vorhanden, einfach nur spielen. Ich zögerte. Und fragte dann nach dem Preis: *„Nein, bezahlen können wir Dir nichts. Wir sind eine homosexuelle Partygemeinde, die jede Woche swingt und einfach nur Spaß miteinander hat. Du kannst nackt hinter deinem Pult stehen und wenn dir ein Typ gefällt, dann machst du mit. Völlig gratis, kein Ding.“*

Nun bin ich mir meiner Heterosexualität allerdings völlig bewusst, glücklich verheiratet und habe zwei Söhne. Also selbst wenn es sich nicht um Homosexuelle gehandelt hätte, wäre ihm meine Ablehnung sicher gewesen. *„Du hast wohl was gegen Schwule, was? Scheiße man, die Kellnerin kann ja auch mitmachen, vielleicht ist die was für dich!"* Ich musste langsam lachen und dachte schon, da will dich jemand veralbern. Ich bedankte mich freundlich für das Angebot, lehnte aber selbstverständlich ab. Weil damit auch andere Kollegen ihren Spaß haben sollten, reichte ich die Anfrage an zwei befreundete DJs weiter und am nächsten Tag konnten wir uns herrlich über die Situation amüsieren. Nach Hannover gefahren ist keiner der Jungs.

Kinder, des Satans kleine Helfer

Auf Hochzeitsfeiern sind sie bis auf wenige Ausnahmen unweigerlich mit dabei: Kinder. Und man erlebt viele Sachen mit ihnen und ihren Eltern. Da gibt es die Kleinen, welche noch mit dem Babyfone überwacht werden. Das ist immer witzig anzusehen, wenn alle Gäste auf der Suche nach einer guten Handyverbindung sind – am Ende standen auf einer Hochzeitsfeier fast zehn Überwachungskameras aufgereiht vor meinem Controller. Alle Eltern tanzten dann direkt vor meinem Pult und warfen verstohlene Blicke auf die Geräte. Und wehe, es schlug an! Dann war Kampfeinsatz-Alarm: Väter, die sofort losstürmten, Mütter mit blankem Entsetzen in den Augen.

Unvergessen bleiben die Feiern, in denen betrunkene Eltern um ihre auf der Tanzfläche schlafenden Kinder herumtanzen oder diese zusammengesackt – tief in der Nacht – an der Wand der Location mit dem Tablet in der Hand liegen. Noch schlimmer sind eigentlich nur die oft stark alkoholisierten Väter, welche ihre Kinder dann an den Händen nehmen und wie ein Propeller durch den Saal wirbeln. Manche Stürze und Wunden habe ich erlebt, manches Inventar ging zu Bruch und oft habe ich gebetet, dass meine Veranstaltungstechnik heil bleibt.

Und dann gibt es seit einiger Zeit einen ganz neuen Trend zu beoachten. Nennen wir die junge Dame Klara. Das vielleicht sechs, maximal acht Jahre alte Mädchen tanzte permanent um meinen DJ-Platz herum. Das ist nichts Ungewöhnliches, viele Kinder interessieren sich für die Technik und das ist auch absolut ok. Gerne gewähre ich ihnen einen Einblick und beantworte geduldig vor der eigentlichen Party die meisten Fragen. Aber Klara hatte den unbedingten Zwang, meine Discokugel im laufenden Betrieb anzufassen, den Movinghead beidhändig zu stoppen (das mögen teure Elektronikgeräte mit Motor ganz besonders) und einiges mehr. Ich hatte ihr das mehrfach verboten, als sich die Mutter von ihr vor mir aufbaute: *„Was genau ist denn hier das Problem?"* wurde ich grimmig angesprochen. *„Das Problem ist, dass ihre Tochter meine Veranstaltungstechnik anfasst und ich sie gebeten habe, das nicht zu tun. Davon geht sie nämlich kaputt."* Ich erntete ungläubige Blicke. *„Wenn Klein Klara das aber so möchte? Was stimmt denn mit ihnen nicht?"* Allein die Frage regte mich schon auf. Andere Gäste hatten unseren Disput mitbekommen und sich ebenfalls eingeschaltet. *„Wohl selbst noch keine Kinder"* oder *„Meine Güte, sie fasst das Gelumpe doch nur an"* waren die einhelligen Kommentare. *„Aha"* dachte ich so bei mir, das ist ja toll. Hakte es ab und war lediglich erstaunt, als ich ähnliches auf zwei weiteren Veranstaltungen in den nächsten Monaten erlebte. Ich finde das bedenklich und absolut nicht schön, aber mal schauen wie sich das in Zukunft weiterentwickelt.

Mir steht eine pädagogische Bewertung nicht zu, aber es ist manchmal putzig zu sehen, wie einige Eltern Erziehung für sich heutzutage definieren: *„Marvin lass das Rumrutschen auf dem Boden, wir essen jetzt"* – *„Marvin, hör jetzt auf und setz dich hin"* – *„Marvin, du sollst dich hinsetzen"* – *„Na gut, aber nur zehn Minuten rutschen, dann essen wir!"* Solche Dialoge vor meinem DJ-Pult lassen mich letzten Endes genauso ratlos zurück wie: *„Genevieve, du kannst nicht nur Pommes essen"* – *„Nein, es gibt nicht nur Pommes"* – *„Du isst jetzt ein Stück Fleisch, Genevieve, dann darfst Du auch Pommes haben"* – *„Na gut, Genevieve, hier sind Pommes, aber mach wenigstens Mayo oder Ketchup drauf."* Hier wächst möglicherweise eine spannende neue Generation heran.

Am Ende muss jeder selbst entscheiden, ob er mit oder ohne Kinder feiern möchte. Ich habe tolle Hochzeiten mit vielen Kindern erlebt, aber eben auch noch ausgelassenere ohne. Mein Tipp: Unbedingt an eine professionelle Kinderbetreuung denken, das ist ganz wichtig wenn es um ausgelassene Partystimmung geht. Vor allem das Abendessen gestaltet sich für die Eltern entspannter, wenn dieser Service von einer Kinderanimateurin übernommen wird.

Wer will Ficki-Ficki?

Unangenehme Erinnerungen habe ich an die Hochzeitsfeier von Katja und Jens auf einem Gasthof. Katjas großer Traum, das hatte sie mir in unserem Vorgespräch erzählt, war eine bombastische Party im Prinzessinnen-Stil und mit ganz vielen Gästen aus allen Teilen des Landes. 120 Freunde, Verwandte und Bekannte waren eingeladen und es sollte bis in die frühen Morgenstunden getanzt werden ohne Pause. Wenige Tage vor der geplanten Märchenhochzeit schrieben mir die beiden eine Mail, in welcher sie mitteilten, dass es etwas kleiner werden wird – 85 Gäste seien geplant, möglicherweise würde dies für die Kommission meiner benötigten Veranstaltungstechnik hilfreich sein. Ich fuhr schließlich am besagten Datum zur Location und bemerkte die nur wenigen aufgestellten und dekorierten Tische im Innenraum. Vom Brautpaar und seinen Gästen war weit und breit nichts zu sehen. *„Die sind noch bei der Freien Trauung"* entgegnete mir eine Servicekraft aus dem Innenbereich. Auf meine Frage, warum so spärlich eingedeckt sei, bekam ich ein *„Es sind ja auch nur 23 Gäste"* zu hören. Das überraschte mich schon ein wenig, denn eigentlich war die Kommuni-kation mit den beiden immer flott und ich wurde über wirk-lich alles informiert.

Ich baute meine Technik auf und wartete schließlich auf die Gesellschaft. Eine sichtlich genervte Katja kam mir entge-gen und brachte kaum mehr als ein *„Tach"* heraus. Jens war da schon gesprächiger und meinte, es sei ein echter Scheiß-Tag, man hätte nur Scheiß-Freunde und überhaupt könnten sie alle am Arsch lecken. Er holte sich ein Bier und dann erzählte er mir die ganze Geschichte. Von den vormals eingeladenen 120 Gästen hatten wirklich 97 abgesagt, mit fadenscheinigen Ausreden oder direktem *„keine Lust"*. Das fand ich schon sehr krass. Aber egal, die Feier war mit einem fünfstelligen Betrag bereits bezahlt, ein Storno kam nicht infrage und man wollte trotzdem *„alles abreißen in dieser Nacht"*. Gesagt, getan, bis auf die gelangweilten Blicke der Braut war alles wie auf einer *stinknormalen* Hochzeitsfeier, von denen ich in meiner Karriere schon so viele musikalisch begleitet hatte. Dass die Braut an diesem Abend dem Alkohol sehr zugesprochen hat, war für mich nicht ungewöhnlich und in dem Fall sogar verständlich. Als sie dann allerdings anzüglich wurde und mich zu einem *„Quickie"* hinter dem Vorhang einladen wollte, da wurde ich skeptisch, wie sich diese Nacht wohl entwickeln würde.

Ein paar Stunden und viele Wodkaflaschen später war es so weit: die Braut kam aus dem Außenbereich in den Saal, an ihrem Brautkleid klebte bereits deutlich sichtbar jede Menge Erbrochenes und sie lief zu mir. Ich hatte einen breiten Tisch von der Location gestellt bekommen, auf welchen sie nun unter Hilfeleistung von zwei männlichen Gästen stieg. Sie wollte unbedingt ein Mikrofon, welches ich ihr nur ungern gab. Normalerweise ist ein Mikrofon für das Brautpaar und die Gesellschaft überhaupt kein Problem, wenn allerdings Peinlichkeiten drohen, dann versuche ich alle davor zu beschützen. In diesem Fall brachten mich aber der böse Blick und das gegrölte *„Nun gib endlich her, du Arschloch"* dazu, dem Wunsch nachzugeben. Die Braut lallte ins Mikrofon, welches ich bereits etwas heruntergeregelt hatte und konnte sich kaum noch auf den Beinen halten. Da passierte es: Sie zog sich das Brautkleid hoch, fasste sich in den Schritt und schrie laut los: *„Na los, wer von Euch will Ficki-Ficki, wer will jetzt Ficki-Ficki?"*

Ich war völlig irritiert und wusste nicht, was ich sagen soll. Der Blick der wenigen anderen Partygäste verriet mir, dass es ihnen ähnlich ging. *„Niemand? Kommt schon, ich zeig Euch mal meine Dose!"* und zog sich den Slip aus. Mit kreisenden Bewegungen in Richtung der Gäste rief sie wieder *„Ich will jetzt Ficki-Ficki, wer will jetzt Ficki-Ficki?"*

Es war hochnotpeinlich und ich habe mich selten so geschämt für andere Menschen. Das Schlimmste allerdings war, dass ihr Onkel, der ebenfalls kräftig einen getankt hatte, sie nun am Hintern packte, über die Schulter warf und meinte: *„Komm, wir beide gehen jetzt ficken."* Den restlichen Abend habe ich beide nicht mehr gesehen. Der Bräutigam lag stramm in der Ecke der Location, er hatte von all dem nichts mehr mitbekommen. Die restlichen Partygäste tuschelten noch ein wenig, der Saal leerte sich innerhalb der nächsten anderthalb Stunden zusehends und dann war die Feier auch Geschichte.

Die Pferde, der Hund und das Essen

Ich war auf einer Firmenfeier eines jungen Start-ups gebucht – ein Outdoor-Event mit Show-Cocktail-Mixer, Lagerfeuer und mehr. Während man im Innenraum noch Seminare abhielt und ich auf meinen Einsatz wartete, ging draußen langsam die Sonne unter. Mein Blick schweifte über die benachbarte Pferdekoppel und ich sah, wie die Pferde aus ihren Ställen geholt und gesattelt wurden. Alle Mitarbeiter kamen ebenfalls langsam aus den Tagungsräumen des Event-Bauernhofes und vertraten sich auf dem Gelände ihre Beine. Der Firmenchef und seine Freundin hatten einen süßen kleinen Hund dabei, ein putzmunteres Kerlchen – bellte selten, ließ sich streicheln und freute sich seines Lebens. Nach einer halben Stunde kam die Freundin des Start-up-Chefs mit Bello zu mir und schien sich mit diesem hinter mir verstecken zu wollen. Sie drückte sich fast schon an mich und meinte: *„Sorry, ich wusste nicht, wo ich sonst hinsoll. Siehst du die Pferde dahinten?"* Ich schaute mich um.

Die Reiterinnen kamen offensichtlich von der Koppel zurück und mussten an uns vorbei. *„Ja klar"* sagte ich. *„Siehst du, das ist jetzt das Problem. Die kommen hier vorbei. Ich muss Bello verstecken, weil, naja – dumme Sache – Pferd, das ist sein Lieblingsfleisch. Wenn er das riecht, flippt er aus und es gibt's hier richtig Zoff. Dann wird die Blutpolka getanzt"*, lachte sie. Ich verstand und musste ebenfalls lachen. Wie geil, dachte ich mir, das habe ich auch noch nie gehört. Gemeinsam haben wir das Hündchen dann bespaßt, so dass es kein Pferd entdecken konnte und alles ruhig blieb.

Beim Thema Pferd muss ich unweigerlich an meine schlimmste kulinarische Erfahrung denken. In einer mittlerweile als Eventlocation nicht mehr betriebenen Lokalität gab es um Mitternacht Currywurst. Wer mich kennt, der weiß, dass ich an einer solchen eigentlich fast nirgendwo vorbeikomme. Konnopke, Curry 36, Zur Bratpfanne, Ollis Imbiss in Teltow (Geheimtipp!) – die Liste Berliner Imbissbuden mit dem kostbaren Gut ist ellenlang. Auf Hochzeitsfeiern wird um Mitternacht neben Chili con Carne oder Herzpizza, Hot Dogs, den Resten der Hochzeitstorte oder des abendlichen Buffets oft eben gerade diese Spezialität aufgefahren.

Bei dieser Hochzeit freute ich mich bereits auf den leckeren Snack, hatte ich doch am etwas knapp bemessenen Buffet zurückgesteckt. Voller Vorfreude schaufelte ich mir zwei Löffel der begehrten Wurst mit üppig Soße in meine Schale und begab mich an mein DJ-Pult. Ich wendete das erste Stück in der Soße, ließ es regelrecht darin baden, führte es schwungvoll an meinen Mund und versenkte es in eben diesem. Doch bereits beim ersten Bissen dachte ich: oh man, das ist nicht gut. Das ist überhaupt nicht gut. Die Wurst war von einer derart harten Konsistenz, dass mir sofort in den Sinn kam: So muss das Zeug schmecken, was sie den Kandidaten bei der RTL-Dschungelshow *„Ich bin ein Star, holt mich hier raus"* in den Ekelprüfungen zum Essen geben. Die Soße schmeckte ausgesprochen widerlich, ich wollte den Bissen einfach nur loswerden. Doch zu spät, das Brautpaar samt Betreiber der Location standen neben mir. Während sie mich fragten, ob es mir schmecken würde, wurde *„der Fraß"* in meinem Mund gefühlt immer mehr.

Um mit den Dreien zu reden, musste ich es herunterschlucken und tat es auch. *„Ja, Wahnsinn!"*, log ich ohne rot zu werden und wollte mich am liebsten übergeben. *„Komm ich hol dir gleich noch eine Portion"* waren die Worte von Christian, dem Bräutigam. Mein *„Nein lass mal"* hörte er schon nicht mehr und kam mit einer zweiten Schale an, kaum Soße. *„Alter, die ist so gut – probiere mal ohne das rote Zeug, du hast deine ja ertränkt"* meinte er und zeigte auf meine Currywurst-Schale. Ich nahm nur zögerlich und widerwillig, weil völlig angewidert, ein Stück von ihm und sah sie in ihrer ganzen nackten Pracht: Drei innere Ringe von unterschiedlicher Helligkeit, es sah aus wie Schichtnougat. Ich biss also in die knorpelige Masse und schluckte alles brav herunter - zum Glück kamen die Trauzeugen von Christian und Lena und zerrten diese auf die Tanzfläche.

Ich weiß nicht, was das für eine Pferde-Waschbär-Biber-Gott-weiß-was-für-eine Wurst war oder wie sie verarbeitet wurde und jetzt, wo ich nochmal drüber nachdenke, möchte ich es auch gar nicht wissen. Es war auf jeden Fall das Ekelhafteste, was jemals in meinem Mund gelandet ist auf einer Veranstaltung. Reden wir lieber nicht vom Döner mit den Vogelfüßen aus der Landeshauptstadt Potsdams, das ist nämlich eine ganz andere Geschichte. Mehr als ein halbes Jahr danach haben meine damals schwangere Frau und ich keinen Döner mehr angefasst.

Das Blowjob-Angebot für Black Music

Vom gefeierten DJ, der den Menschen einen großartigen Abend bereitet bis zum Buhmann für alle, ist es nur ein ganz schmaler Grat. Als Discjockey auf einer Hochzeit mit vielen Gästen kann man es selten immer allen gleichzeitig recht machen – dafür ist die Altersstruktur zu gemischt und sind die Musikgeschmäcker zu verschieden. Trotzdem gibt es sie, die ganz beharrlichen Gäste, die das einfach nicht verstehen wollen und darauf bestehen, dass man insbesondere ihre Wünsche bitte sofort spielt. Eine besondere Erinnerung habe ich hier an eine Feier in einem kleinen Ort, in welchem die Hochzeitsparty auf dem Privatgrundstück in einem Festzelt stattfand. Einige russische Gäste leerten die 0,7 Liter Jägermeister-Flaschen in einem Tempo, das mir bis dahin völlig fremd war.

Aljona kam an diesem Abend das erste Mal gegen 22 Uhr zu mir und sagte: *„Du, spiel mal ein bisschen Black Music, ja?"* Da ich Musikwünsche gerne erfülle, sofern sie denn tanzbar und bekannt sind, konnte ich ihr den Gefallen bereits wenige Minuten später an der entsprechenden Stelle tun. Sie ging ordentlich ab auf der Tanzfläche, allein, es gab so gut wie niemanden außer ihr, der zu Usher und Co. tanzen wollte. Es dauerte nicht lange und Aljona stand erneut bei mir auf der Matte: *„Weißt Du, was jetzt richtig geil wäre? Wenn du mal ein bisschen Black Music spielen würdest!"* Ich versuchte ihr in meinem nüchternen Zustand zu erklären, dass das natürlich möglich sei, sie aber noch ein wenig Geduld haben müsse, da gerade alle zu Schlager und Discofox tanzen würden. *„Das ist gar kein Problem, mein Süßer, aber dann spielst Du ein bisschen Black Music für Deine kleine Tittenmaus, ja?"*, sprach sie und presste sich dabei mit ihrem Oberkörper fest an mich. Ich versuchte mich dem zu entziehen und meinte schnell: *„Ja kommt bald."* Mit einem lauten Jauchzen verschwand sie auf die Tanzfläche und feierte zu Helene Fischer, Andrea Berg und den anderen Vertretern des Genres. Alles, wirklich alles, ging an diesem Abend musikalisch bei der Partygesellschaft, außer eben Black Music. Ich muss jetzt sicherlich nicht erwähnen, dass Aljona bald wieder bei mir auftauchte. Diesmal hauchte sie mir ins Ohr: *„Komm schon, spiel ein bisschen Black Music und ich blas dir einen."*

Was hatte sie da gesagt? Ich dachte ich sei in einem schlechten Film, als sie auf die Knie ging und wie in einem schmuddeligen Porno unter mein DJ-Pult krabbeln wollte. Ich habe mir reflexartig eine männliche Servicekraft heran gewunken und diese gebeten, gemeinsam mit mir die junge Dame zu entfernen. Das war nicht sonderlich schwer, Aljona war klein und zierlich und so schafften wir es ziemlich schnell. Welch Glück, dass dabei keine Kabel aus den Anschlüssen gezogen wurden. Sie tanzte weiter und kam ein weiteres, ein letztes Mal zu mir: *„Hey spiel mal ein bisschen Black Music, ich nehme ihn auch ganz tief in den Mund. Aber bitte spiel Black Music.*

Black Music ist soooo cool. Los, mach jetzt Black Music!" Ich sah mich schon wieder mit einer unangenehmen Situation konfrontiert, aber diesmal war sie bereits so betrunken, dass sie von allein ging. Wobei gehen jetzt nicht das richtige Wort ist, sie stolperte und fiel auf die Tanzfläche. Danach habe ich sie noch mit einem Trauzeugen verschwinden sehen, den Rest der Partynacht war sie nicht mehr dabei.

Allen, die nach dieser Geschichte denken: *„Wie geil, was für ein Job – Sex & Blowjob-Angebote gegen Musik, kann es denn was schöneres geben?"*, sei gesagt, das klingt ganz lustig, aber am Ende ist es auch nur eine sexuelle Belästigung, von der wir im Rahmen der *Me Too-Debatte* schon so viel gehört haben. Mancher Freund sagte schon zu mir: *„Du hast vielleicht ein Glück, du siehst immer die hübschesten Frauen auf den Hochzeiten!"* Ich sage ihnen dann, dass das nur die halbe Wahrheit ist. Natürlich, am Anfang tragen alle schöne Kleider, sind perfekt geschminkt und sehen aus wie Kandidaten aus der PRO7-Castingshow *„Germanys Next Topmodel".* Am Ende der Feier, wenn aus einigen der jungen Frauen Schnapsleichen geworden sind, das Erbrochene an der Kleidung hängt und diese wie tot in der Ecke oder auf der Toilette herumliegen, spätestens dann würden viele den Anblick nicht mehr mit mir tauschen wollen.

Der immer lacht - Verstehen Sie Spaß?

Eine der merkwürdigsten und verrücktesten Feiern, die ich in all den Jahren musikalisch begleitet habe, war die Hochzeit von Lisa und Kevin. Sie ist auch einer der Gründe und Namensgeber für dieses Buch, denn eine solche Geschichte sollte auf gar keinen Fall unerzählt bleiben, schließlich beschäftigt sie mich bis heute.

Für die Hochzeitsfeier auf dem privaten Grundstück des Unternehmers nahm ich einiges an Fahrtstrecke auf mich. Das Auto war mit der gesamten Technik beladen, die man für eine solche Veranstaltung benötigt: Dem professionellen DJ-Controller, dem Boxensystem inklusive Subwoofer, die Funkmikrofone, der LED-Lichtleiste, sogar die Ambientbeleuchtung für das besondere Erlebnis wurde hier gebucht. Natürlich durfte damals auch der Laptop nicht fehlen, das Herzstück eines Hochzeitsdiscjockeys wie mir, der heutzutage nicht mehr mit Schallplatten oder CDs auflegt. Am Veranstaltungsort angekommen wurde ich freundlich begrüßt, mir der Platz zum Ausladen gezeigt und freigehalten, etwas zu trinken angeboten und ein paar nette Worte gewechselt. Ich hatte das Brautpaar vorher noch nie gesehen, hatte auch nicht am Telefon mit den beiden gesprochen – mein erster Eindruck war aber absolut positiv.

Lisa und Kevin waren ein Paar, welches vom Alter her auf Ende dreißig einzuschätzen war, also alles ganz normal und irgendwie Standard. Während meines Aufbaus trafen die ersten Hochzeitsgäste ein, mein Soundcheck verlief ohne Probleme und die Feier konnte starten. Nach den üblichen Reden wurde im Anschluss das Buffet eröffnet und ich spielte meinen beliebten Hintergrundmix aus Pop, Lounge und Chillout-Musik. Das Essen endete um Punkt 20.30 Uhr und Kevin kam auf mich zu.

„So, Oli, wir wären dann jetzt bereit für unseren Eröffnungstanz. Den hast du bestimmt, das ist zurzeit ein absoluter Hit und Tanzflächenfüller.“ Mir schwante zu diesem Zeitpunkt bereits Böses und ich hatte das unsägliche *„Atemlos durch die Nacht“* von Helene Fischer im Verdacht. *„Nein um Gottes Willen“* rollte Kevin mit den Augen. *„Ich meine was richtig Gutes. Wir haben uns für „Die immer lacht“ von StereoAct feat. Kerstin Ott entschieden.“* Ok, dachte ich mir, das wäre jetzt nicht so mein Ding als Hochzeitstanz, aber ich hatte nichts gegen das Lied und ohnehin ist das selbstverständlich die Entscheidung des jeweiligen Brautpaares. Also verabredeten wir den Start in zehn Minuten und dann sollte es losgehen. Schnell noch mal auf die Toilette und gecheckt, wie lange ich für den Weg dorthin benötige, falls es später mal notwendig werden sollte – immerhin sollte die Hochzeitsfeier neun Stunden gehen.

Ich legte also Kerstin Ott mit ihrem Megahit auf das Deck, stellte mich kurz als DJ des Abends vor und erwähnte wie üblich, dass Musikwünsche jederzeit sehr willkommen seien. Die Gäste bat ich nach vorne auf die Tanzfläche, welche sich in dem aufgestellten Partyzelt befand. Kevin und Lisa begannen zu tanzen, sie machten das mit ihren Discofox-Figuren auch ganz gut. Der Song war fast zu Ende, als Lisa sich von ihrem Mann abwendete und auf mich zu rannte. Ich hatte bereits einen Titel von dem DJ-Duo Gestört aber Geil als nächsten Track eingelegt, als sie völlig außer Atem *„Wir brauchen unbedingt nochmal „Die immer lacht“ Dringend!“* Ich war völlig baff. Abgesehen davon, dass ich aus Prinzip jeden Titel am Abend nur einmal spiele, fand ich diesen erneuten Wunsch so früh schon sehr seltsam. Aber gut, ich bin kein Künstler, sondern Dienstleister und deshalb legte ich diesmal die Extended-Version (also eine um ein paar Minuten verlängerte Version des Titels) in den Player. Nach fast sechs Minuten hatte ich den nächsten Hit wieder spielbereit auf dem Deck, da rief die tanzende Menge ohne Witz: *„Nochmal! Nochmal!"* Das war der Moment, wo mir die kleinen lustigen Filme aus der Fernsehsendung *„Verstehen Sie Spaß?"* in den Sinn kamen und ich mich das erste Mal nach versteckten Kameras umsah. Ich dachte mir, da kann doch was nicht stimmen und setzte mich über die feiernde Menge hinweg, spielte *„Unter meiner Haut"* von den oben genannten DJs und wartete, was passieren würde. Bei den ersten Takten leerte sich bereits die Tanzfläche, so als ob man den Stöpsel aus einer vollen Badewanne ziehen würde. Lediglich das Brautpaar stand noch auf dem Parkett, sah mich böse an und rief: *„Hey, was ist denn jetzt? Können wir jetzt vielleicht mal „Die immer lacht" hören? Du kannst den Song auch ausmachen und gleich Kerstin spielen. "*

Ich glaubte mittlerweile an eine komplette Veralberung und dachte so bei mir, die wollen dich verarschen. Das kann nicht real sein! Aber ich wollte mir auch nichts anmerken lassen und deshalb mixte ich den gewünschten Titel erneut, in einer anderen Version hinein. Die Tanzfläche füllte sich ebenso schnell, wie sie sich geleert hatte. Wieder waren über vierzig Leute zu diesem, wie ich mittlerweile befand, bescheuerten Lied aktiv, welches sie nunmehr schon über zehn Minuten gehört hatten. Aus den Augenwinkeln sah ich wie Lisa auf mich zukam. Schon leicht angetrunken meinte sie, jetzt würde das *„Rote Pferd"* von Markus Becker sehr gut passen, man brauche das unbedingt und ohne Verzögerung als nächsten Titel. Ich konnte weiterhin und auch bei genauerer Inspektion keine Kameras entdecken, aber ich spürte eine leichte Aggression in mir aufsteigen. Als Dienstleister, genau, spielte ich den Ballermann Hit aus dem Jahr 2007 und hoffte auf eine anständige Party. Irgendwie. Zwischen-zeitlich, weil ich mir schon denken konnte, dass ich um Kerstin Ott nicht herumkommen würde, organisierte ich mir zahlreiche Remix-Versionen der immer lachenden Frau, am Ende hatte ich dreizehn Stück auf dem Rechner vorliegen. Aber das rote Pferd hatte sich noch nicht einmal richtig umgedreht, die Fliege noch nicht zu Ende gesummt, da stand Kevin mit seinem Schwiegervater vor mir und forderte…muss ich es noch einmal schreiben?

Lange Rede, kurzer Sinn. Ich spielte den Song an besagtem Abend sage und schreibe 129 (!) Mal. Ich setzte mir den Kopfhörer auf und hörte andere Musik, teilweise drückte ich nur noch PLAY an meinem Controller, wenn ich sah, dass der letzte Titel endete. Was mich sehr verstörte: Es tanzten die betrunkenen und möglicherweise auch bekifften Hochzeitsgäste permanent zu diesem Lied, den ganzen Abend lang bis tief in die Nacht.

Kurz nach Mitternacht kam Lisa mal zu mir und meinte, *„Da steht ein Pferd auf dem Flur"* vom Duo Klaus & Klaus wäre jetzt sehr geil und müsse unbedingt kommen. Das kam dann auch, aber kurz vor dem Ende des Songs und der Möglichkeit, die Party vielleicht doch noch einmal zu drehen – ich glaube, es ist mittlerweile klar, was passierte. Kein einziger Gast hat sich am Abend beschwert – Guido Cantz, Frank Elstner oder Paola und Felix erschienen aber auch nicht, es war einfach eine skurrile Nacht.

Am Ende der Veranstaltung kam Kevin zu mir und wollte während des Einladens der Veranstaltungstechnik die Abrechnung machen. Dabei meinte er schließlich zu mir, wir können doch die Mehrwertsteuer sparen, er mache das als Unternehmer immer so, es hätte doch jeder was von. Genervt von der Veranstaltung entgegnete ich nur *„Nein, ganz sicher nicht und jetzt bitte her mit der kompletten Summe"* (welche auch nicht unbeträchtlich war). Das war kein Problem für den Bräutigam und er bezahlte wie vereinbart, plus 50 Euro Trinkgeld. *„War ein echt geiler Abend mit dir, den werden wir nie vergessen. Die Gäste waren megazufrieden und zwei wollen dich für ihre Hochzeit im nächsten Jahr buchen. "* sagte Kevin. Gott sei Dank hat sich bis heute niemand gemeldet unter Verweis auf die besagte Hochzeitsfeier, noch einmal würde ich so eine Endlosschleife nicht durchstehen.

Ich brauche nicht zu erwähnen, wie sehr ich den hier vorgestellten Titel seit jener Veranstaltung hasse. Freunde machten sich zwischenzeitlich sogar einen Spaß und riefen mich aus einem großen Elektronikfachmarkt an: *„Ey Oli, weißt Du was hier gerade läuft? Hör mal!"* Dass ich dann wutentbrannt auflegte, kann man bestimmt verstehen. *„Die immer lacht"*, einfach grauenhaft. Mittlerweile hat Frau Ott das ein oder andere Album veröffentlicht, vielleicht würde das Brautpaar heute nicht mehr so eintönig feiern und man müsste lediglich die Alben auf Dauer-Repeat stellen.

Lachen konnte ich auf dieser Hochzeitsfeier auch hinter meinem DJ-Pult nicht mehr, das ist mir ganz schnell vergangen. Und als ich zwischenzeitlich mal auf die Toilette im Haus ging, mir ein Gast entgegentanzte und rief: *„Ey, voll geile Party, hast du Spaß?"*, vernahm er mein gequältes und leises *„Ach leck mich"* in seinem alkoholisierten Zustand nicht mehr.

DJ, du bist scheiße

Es gibt Situationen, in denen man als DJ zum absoluten Arsch mutiert. In einem edlen Resort wurde ich beispielsweise über eine Stunde von einer betrunkenen jungen Dame belästigt, weil sie der Meinung war, dass alle Übergänge *„einfach nur Scheiße"* wären, David Guetta das viel besser könne und ich überhaupt ein totaler Lappen sei. *„Pfeife"*, *„Lusche"*, *„Versager"* – alles Beleidigungen der letzten Jahre, welche von betrunkenen Besuchern gerne verwendet wurden. Selten, aber es gibt sie eben, *„die Unzufriedenen"*, denen man es niemals recht machen kann.

Auf einem großen Schloss wurde ich von einem weiblichen kroatischen Gast permanent beleidigt, weil ich einheimische traditionelle Musik weder parat hatte noch diese von einem anderen Medium abspielen wollte. Diese Frau wollte mich auf sämtlichen Bewertungsportalen schlecht machen und dafür sorgen, dass ich nie wieder einen Fuß auf den Boden bekomme. Schließlich ging es so weit, dass ich mir vom Betreiber des Schlosses die Daten der Dame geben lassen musste (sie übernachtete vor Ort), um möglicherweise rechtlich dagegen vorgehen zu können. Mit dem Brautpaar habe ich in jener Nacht ebenfalls während der Party gesprochen, diese fielen aus allen Wolken und waren mit der Musik mehr als einverstanden. Alle hatten Spaß, nur diese junge Frau eben nicht. Am Ende habe ich davon nie wieder etwas gehört, im Gegenteil, die Hochzeitsfeier hat sogar zu zwei Folgeveranstaltungen geführt.

Grundsätzlich kann man nach meiner Erfahrung sagen, dass betrunkene Frauen oft schlimmer als das männliche Pendant sind, was die Zufriedenheit mit dem DJ angeht. Richtig unangenehm sind vor allem die Situationen, in denen ein sogenannter Limiter für die Lautstärke zum Einsatz kommt. Diese meist durch das Ordnungsamt installierten Geräte messen die Lautstärke in einer Location und regeln sie herunter oder lassen gar keine Höhere mehr zu. Das kann in manchen Veranstaltungsstätten richtig problematisch werden, nämlich immer dann, wenn dieser Limiter so scharf eingestellt ist, dass eine vernünftige Partylautstärke gar nicht möglich ist. Es ist kein Scherz, wenn ich sage, dass ich in Locations gespielt habe, wo es mit 60 Gästen leiser war als bei mir zu Hause im Wohnzimmer, wenn ich Netflix oder

Amazon Prime Video schaue. Dass solche Gegebenheiten zu Frust auf allen Seiten führen, ist einleuchtend. Schlimm ist es vor allem, wenn der Inhaber einer Location seine Brautpaare darüber nicht informiert und diese am Tag der Veranstaltung vor vollendete Tatsachen gestellt werden. Die eigene Technik darf ich als DJ oft nicht aufbauen, sondern muss das Equipment vor Ort nutzen. Die Gäste sind am Ende gefrustet, wenn es so leise ist, dass keine richtige Partystimmung aufkommt, und beleidigen am Ende mich. Erklärungen bringen in diesem Fall wenig, der Alkohol ist zu diesem Zeitpunkt schon in Strömen geflossen. Ich bin kein Freund von fremder Veranstaltungstechnik und habe sicherheitshalber mein eigenes Equipment immer im Auto mit dabei.

Mögen die Spiele beginnen

Es gibt aber auch andere Fälle, in denen man als DJ in die Bredouille geraten kann, wie die nachfolgende Geschichte zeigt. Zur Hochzeitsfeier von Manuel und Zoe wurde ich in einem großen Hotel gebucht. In dem schick eingerichteten Saal fanden sich schließlich 80 Hochzeitsgäste ein, welche bereits während des Abendessens deutliche Signale gaben, dass sie nur auf den Beginn der eigentlichen Party und das Tanzen warteten. Das nahm ich freudig zur Kenntnis, sind das doch die besten Voraussetzungen für eine gelungene Veranstaltung. Nach dem obligatorischen Dessert kam das Brautpaar zu mir und bat um die Ankündigung des Eröffnungstanzes. Diesen moderiere ich üblicherweise an und bitte alle Gäste nach vorne an den Rand der Tanzfläche, gerne auch im Kreis, damit sie näher am Brautpaar stehen und so noch mehr Emotionen bei den Gästen erzeugt werden. In diesem Zusammenhang stelle ich mich selbstverständlich kurz vor und teile allen Anwesenden mit, dass Musikwünsche gerne gesehen sind und mir persönlich am DJ-Pult mitgeteilt werden können. Der Hochzeitstanz wurde von den beiden erfolgreich gemeistert und direkt im Anschluss ging es mit der Party so richtig los. Es wurde getanzt, es wurde gelacht, es wurde abgeklatscht und alle hatten einen mordsmäßig großen Spaß.

Als professioneller Hochzeitsdiscjockey, der nicht nur die Tanzfläche ständig im Blick hat, sondern auch das Geschehen abseits von eben dieser, fiel mir die Brautmutter auf, welche mit ihrem Mann gelangweilt am Tisch saß. Kein Witz, 78 Personen tanzten zu Boney M., ABBA und anderen bekannten Discofox-Titeln, aber die zwei zogen ein Gesicht wie sieben Tage Regenwetter. Egal, dachte ich mir und setzte mein Programm erfolgreich fort. Auch nach 20 Minuten war die Tanzfläche noch immer brechend voll und ich bemerkte, wie die Mutter der Braut mit einem dicken DIN A4-Ordner auf mich zukam. Freundlich wandte ich mich ihr zu und fragte nach ihrem Begehren. Die Antwort, während sie mich mit bösen Blicken von oben bis unten musterte, war deutlich: *„Ich will jetzt ein Spiel machen!"* Aha, dachte ich so bei mir, der Klassiker: Bombenstimmung, aber jetzt soll ein Break her. Mit meiner Erfahrung von mehreren hundert Hochzeiten fiel es mir nicht schwer, ihr höflich zu entgegnen, dass es natürlich völlig ok sei, wenn sie ein schönes Hochzeitsspiel geplant habe, sie dies auch durchführen könne, aber eben noch nicht jetzt, da die Stimmung gerade sehr gut sei und alle tanzen. *„Haben sie mich nicht richtig* verstanden? *Ich WILL jetzt ein Spiel machen!"* erhob sie ihre Stimme nun lauter, und zwar so, dass sogar die ersten Hochzeitsgäste auf der Tanzfläche mitbekamen, dass an meinem Arbeitsplatz etwas nicht stimmt. Absolut professionell, aber bestimmt, teilte ich der Brautmutter mit, dass mit Verlaub 78 Gäste tanzten und nur ihr Mann und sie nicht – ich versprach ihr sogar die absoluten Partykracher etwas zurückzustellen und die Stimmung etwas abflachen zu lassen damit sich die Tanzfläche geordnet leeren kann und sie in zehn bis 15 Minuten ihr Spiel machen könne.

Ich erwartete ihre Reaktion, welche sich im immer roter werdenden Gesicht schon andeutete. Was sie mir dann entgegnete, traf mich völlig unvorbereitet: *"Pass auf, du hältst jetzt mal deine verdammte Fresse und lässt mich mein Spiel machen. Ich bezahle den ganzen Scheißdreck hier und kann selbst entscheiden, wann meine Tochter spielen will. Und jetzt will sie spielen. Also mach die beschissene Musik aus. Sofort!"* Völlig perplex ob dieser unerwarteten Situation nahm ich beide Hände nach oben, so als ob ich mich ergeben würde. Ich führte die rechte Hand zum Mischpult und blendete den aktuellen Titel, welcher gerade 1:45 Minute lief, langsam aus. *"Schneller!"* bekam ich von der Seite zu hören und bemerkte, wie *"Mama"* mir schon in den Mixer greifen wollte. *"Vorsicht!"* war nun meinerseits die etwas gereizte Reaktion, aber das verstand sie und ging in Richtung Tanzfläche. Die Musik verstummte und das Genörgel der Hochzeitsgäste ging los: *"Ey! Was soll das denn?"* oder *"Was ist denn jetzt los?"* waren noch die harmloseren Kommentare. Auf den Ruf eines schon leicht angetrunkenen Gastes: *"Ja, sag mal DJ, bist du denn völlig bescheuert? Wir wollen tanzen!"* wollte ich mich gerade äußern und hatte das Mikrofon bereits in der Hand, da drehte sich die besagte Brautmutter zu mir um und rief in lautem Ton: *„Ja genau, DJ, bist du denn nicht ganz richtig? Klasse, aber jetzt, wo die Stimmung wegen dir im Arsch ist, können wir eigentlich auch ein Spiel machen, oder, liebe Freunde und Verwandte?"* Ein lautstarkes „Jaaaaaa!" aus zahlreichen Kehlen reichte als Antwort. Ich fiel völlig vom Glauben ab. Auf dem Weg zurück an die Tische bekam ich die abfälligen Blicke der Gäste zu spüren, manch einer winkte gelangweilt ab, andere schüttelten einfach nur den Kopf. Dabei konnte ich nichts dafür und fühlte mich überhaupt nicht wohl, trotz der Tatsache, dass mich nun wirklich gar keine Schuld traf. Die Gäste, denen ich zuvor fast eine halbe Stunde feinste Musik, perfekt gemixt lieferte und die tanzten, als gäbe es kein Morgen mehr, hatten mich nun zum Sündenbock auserkoren. Es folgte das ebenso beliebte wie langweilige Kutscherspiel, das eigentlich fast immer gespielte Übereinstimmungsquiz und weitere Peinlichkeiten.

Nach etwa 80 Minuten hatten die Gäste es überstanden, aber selbst mit den danach von mir gestarteten Partykrachern wie *„Summer of 69"* von Bryan Adams oder anderen musikalisch amtlichen Kalibern gelang es mir nicht mehr, die Hochzeitsgäste zu motivieren. Ganz offensichtlich saß der Frust über den musikalischen Coitus interruptus zu tief und man wollte mir das nicht verzeihen. Also spielte ich gute Partymusik – einige Paare und Single Ladies konnten sich im Laufe des Abends doch noch zum Tanzen überwinden. Am Ende des durch die hier beschriebene Situation unbefriedigenden Abends war es schließlich das Brautpaar, welches zu mir kam und meinte: *„Wir wissen, wie das vorhin* *gelaufen ist. Mama ist schon nicht leicht zu nehmen. Mach dir bitte nichts draus. Wir fanden die Musik einfach spitze."* Eine kleine Genugtuung.

Diese Hochzeitsfeier war für mich prägend. Seit diesem Tag empfehle ich meinen Brautpaaren ausdrücklich, jemanden unter den Gästen im Planungszeitraum zu benennen, der sich um die Organisation von Spielen und anderen Programmpunkten am Abend der Veranstaltung kümmert. Meistens werden hierfür die Trauzeugen herangezogen, die dann als sogenannte Zeremonienmeister dienen. Damit ich mit meiner jahrelangen Erfahrung helfen kann, gestatte ich dem Brautpaar, meine Kontaktdaten an diese Personen weiterzuleiten, so dass sie sich mit mir in Verbindung setzen können. So lassen sich der Zeitplan und der Umfang aller Beiträge perfekt abstimmen. Zusätzlich hat dieses Vorgehen noch einen weiteren Vorteil: werden Hilfsmittel wie Leinwand, Beamer, Gesangsmikrofone oder Kabel benötigt, kann ich diese einpacken und habe sie am großen Tag des Hochzeitspaares auch wirklich dabei. Planung ist das halbe Leben und bei einer Hochzeit trifft dieser Spruch den Nagel auf den Kopf.

Weihnachtsfeier vs. Beerdigung

Die Stimmung ruinieren, das geht auch auf anderen Veranstaltungen, dazu bedarf es keiner Hochzeitsfeier. Das beste Beispiel hierfür ist meine Erinnerung an eine Mitarbeiter-Weihnachtsfeier in einem Senioren-Wohnheim. Wenn ein Unternehmen eine Weihnachtsfeier plant, dann macht es das aus mehreren Gründen. Zum einen sind da die lukrativen Möglichkeiten des Steuersparens, zum anderen aber eben auch – und unterstellen wir einmal, das sei der wichtigste Aspekt – um die Mitarbeiter zusammenzubringen und ihnen einen schönen Abend zu ermöglichen. Engagiert die Firma dann noch einen professionellen Eventdiscjockey wie mich, steht der Party nichts mehr im Wege. Sollte man meinen.

Die Feier stieg an einem Freitag, was ich an sich schon ungewöhnlich fand, finden die meisten Firmenevents meiner Erfahrung nach dienstags oder donnerstags statt. Ich baute mein Equipment im Speisesaal des Altersheims auf und wartete auf die eintreffenden Gäste, alles Mitarbeiter und deren Vorgesetzte. Viele hatten zuvor gerade ihre Schicht beendet, andere mussten bereits nach dem Essen mit ihrer beginnen – als Voraussetzung für eine stimmungsgeladene Feier ist das, wie man sich vorstellen kann, absolut kontraproduktiv. Vor dem Essen trat nun die Chefin an mich heran und fragte nach einem Mikrofon. Neben die Chefin des Seniorenwohnheims stellte sich dann die Sekretärin und dann ging es mit der Rede los. Ich erwartete die übliche Zahlenplauderei, das große Bedanken und die besten Wünsche für das nächste Jahr. Doch was folgte, ließ mich einigermaßen ratlos zurück. Die Chefin begann mit der Tatsache, dass übermäßig viele Bewohner im letzten Jahr gestorben seien. Das wäre so weit ok, schließlich seien diese alt und die Natur nähme ihren Lauf. Zahlreiche neue Rentner wären eingezogen und würden es demnächst tun, aber die Warteliste sei sehr lang – besser betuchte Personen ständen darauf. Ob des Alters der Neueinzüge sei hier aber mit einem relativ schnellen Abgang zu rechnen, sodass die finanziell bessergestellten Nachrücker bald folgen würden. Allgemeines Raunen, Kopfschütteln an manchem Sitzplatz. Zu den Mitarbeitern wurde gesagt, dass man selbstverständlich wisse, dass eine hohe personelle Fluktuation vor Ort herrsche und die Kollegen sich untereinander sowieso nicht ausstehen könnten. Das sei in so einem großen Haus, insgesamt gab es 110 Betriebsangehörige, aber ganz normal und stelle kein Problem dar. Wenn man den Nachbarn am anderen Tisch nicht möge, so solle man sich heute Abend zusammenreißen, alle Fünfe gerade sein lassen und irgendwie miteinander tanzen, lachen oder was immer. Ihr, der Chefin sei durchaus bewusst, dass es kein schönes Arbeiten im letzten Jahr gewesen sei. Es wäre ein hartes Jahr gewesen, ein sehr hartes und für alle beschissenes 2013, aber – und das könne sie jedem versprechen – man brauche nicht zu hoffen, dass es 2014 besser werden würde. Wer Altenpfleger sei, der wisse, worauf er sich eingelassen habe und was er zu erwarten hat. In ihrem Haus sei das auch nicht anders und wer mag, der könne gleich hier und heute die Kündigung unterschreiben. Dies möge er aber bitte sofort tun, denn unter Umständen wäre sie am Ende des Abends so drüber, dass ihr alles egal sei und sie sich nicht mehr daran erinnere. Mit den Worten: *„Da drüben steht unser DJ, er wird für eine unvergessliche Party sorgen und die Stimmung so richtig anheizen. Viel Spaß!"* endete die Rede. Unter sehr verhaltenem Applaus verließ die Chefin die Tanzfläche, von der aus sie sprach. Sie bemerkte dies und als sie fast bei mir war, entwich ihr ein *„Ach, fickt euch!"* Ich konnte mich des Eindrucks nicht erwehren, dass sie bereits ein paar Shots vor der Veranstaltung im Büro getrunken hatte. Ich begann also mit der leichten Hintergrundmusik und spielte neben

Weihnachtssongs wie *„Last Christmas"* von Wham! auch Klassiker der Popmusik. Allerdings bemerkte ich, wie sich nach und nach immer mehr Mitarbeiter entfernten und nach dem Buffet lediglich noch 30 Personen, die Chefin und Sekretärin miteingeschlossen, vor Ort waren. Sehr befremdlich, aber auch mit einer kleinen Gruppe kann man ordentlich Party machen. Dem war hier nicht so und egal, was ich spielte, es tanzten den ganzen Abend bis Mitternacht – immerhin von 20 Uhr an – ganze fünf Personen. Die Tische untereinander hielten keinen Kontakt, auch an den einzelnen Plätzen gab es kaum Kommunikation. Ich hakte diese Veranstaltung einfach ab und war umso erstaunter, als ich für das Jahr darauf erneut gebucht wurde. Und was soll ich sagen? Die Rede war nicht besser, allerdings erkannte ich bis auf vier, vielleicht fünf Mitarbeiter niemanden mehr – die Fluktuation hatte sich auf seltsame Weise fortgesetzt.

Wer also als Chef auf der Weihnachtsfeier seines Unternehmens für Stimmung sorgen möchte, der sollte eine flammende oder wenigstens witzige Rede halten, damit eine solche überhaupt entsteht. Schlechte Nachrichten verkaufen sich nicht gut. Schlecht über die Menschen zu reden, die einem oft den Hintern retten, ist ebenfalls nicht sehr förderlich. Ein Profi DJ ist dafür da, die Stimmung auf die Spitze zu treiben und den Partygästen einen unvergesslichen Abend zu bescheren – wenn durch Reden oder Beiträge aber eine Beerdigungsstimmung geschaffen wird, dann kann der beste Dienstleister nichts mehr retten. Langeweile ist der Tod einer jeden Party, was mich zu der Geschichte einer weiteren Hochzeitsfeier in Berlin bringt.

Zeige mir dein ganzes Leben

Ich habe auf den letzten Seiten schon von einigen Erlebnissen erzählt. Dass es aber auch ganz anders gehen kann, zeigt die Hochzeit von Luise und Hugo. Ich traf die beiden das erste Mal in einem Einkaufszentrum. Die Hochzeitsfeier der Medizinstudenten sollte in einer Villa in Berlin stattfinden. Am Nachmittag des großen Tages fuhr ich mit meinem Firmenwagen die vereinbarte Adresse an und wunderte mich zunächst: Ein schickes Villenviertel, direkt am See, viele enge Straßen. Als mich mein Navi dann endlich zu der richtigen Adresse geführt hatte, traf mich der Schock. Die Villa war zwar von außen sehr schön anzusehen, aber der Transportweg für meine Veranstaltungstechnik war gut 400 Meter runter zum See - auf das Gelände rauffahren ging einfach nicht. Nun muss man wissen, dass die Technik von mobilen DJs schon ein bisschen was wiegt. Bei 32 Grad an besagtem Tag hatte ich einen riesigen Spaß, denn das Auto musste ich auch noch in einer Seitenstraße parken. Zu eng war die sogenannte Hauptstraße, welche an der Villa vorbeiführte. Ständig wollten andere Fahrzeug vorbei, hupten und verfluchten mich. Hatte ich erwähnt, dass Luise und Hugo mir im Vorgespräch versicherten, die Zufahrt wäre bis direkt vor den Saal möglich? Ich habe daraus schließlich Folgendes gelernt: Telefoniere immer mit der Location und frage nach den Park- und Lademöglichkeiten vor Ort.

Der Nachmittag an sich gestaltete sich wie in 90 % aller anderen Hochzeitsfeiern. Das Brautpaar unternahm hier zusätzlich eine Dampferfahrt auf dem See, ging in den nahegelegenen Park zum Fotografieren, es wurden ein paar

Hochzeitsspiele durchgeführt und locker mit den Gästen geredet. Nur eines gab es nicht und das wunderte mich ein wenig: keinerlei Reden vom Brautvater, Trauzeugen oder anderen Gästen - das sollte ja vielleicht noch folgen. Nach dem recht späten Abendessen um 20 Uhr waren alle Gäste und selbstverständlich auch ich bereit für den Eröffnungstanz. Das Brautpaar kam zu mir und meinte, sie würden noch einmal kurz üben, auf die Toilette verschwinden und dann könne es mit meiner kurzen Begrüßung und dem Tanz losgehen. Gesagt, getan. Ich lud also *„I wonder why"* von Curtis Stigers in das entsprechende Deck meiner DJ-Software und wartete auf die Rückkehr der beiden. Als ich sie an der Tür sah, nahm ich mein Funkmikrofon und wollte gerade ansetzen, da tippte mir der Vater der Braut auf die Schulter: *„Ich würde jetzt gerne eine kleine Rede halten."* Natürlich, überhaupt kein Problem. Ich übergab ihm das Mikrofon und er ging zu seinem Platz. Die Rede begann und fand nach etwa 15 Minuten ihr Ende, was schon ein Pfund war. Die Gäste waren froh, dass es endlich losgehen konnte. Hugo deutete mir mit einer Handbewegung an, ich solle jetzt starten, sie wären bereit. Ich nahm also erneut das Mikro in die Hand, als es über den noch offenen Kanal des ersten Mikrofons erklang: *„Auch ich möchte noch eine kleine Rede halten!"* Oh nein, der Vater des Bräutigams. Alle Gäste sackten erschöpft und teilweise sichtlich genervt auf ihre mit schicken Stuhlhussen versehenen Sitzplätze zurück. Bei immer noch 25 Grad lauschten sie jetzt der Rede von Hugos Vater.

Während dieser bereits zwölf Minuten sprach, sah ich die Mutter der Braut aufstehen und in meine Richtung laufen.

Sie meinte zu mir, die Trauzeugen würden gerade den Beamer und einen Laptop holen und es würde gleich die Präsentation des Hochzeitsvideos starten, für welches man sich große Mühe gegeben habe und sehr lange daran gesessen hätte. Ob das ok wäre? Ich sagte „*Ja*", was bleibt einem als Dienstleister auch anderes übrig. Nach handgestoppten 19 Minuten war die Rede des Brautvaters zu Ende und ein paar Leute klatschten gelangweilt Beifall. Da wurde die mobile Leinwand auch schon auf die Terrasse gerollt, der Projektor angeschlossen und Luises Vater ergriff erneut das Mikrofon – es war mittlerweile schon nach 22 Uhr. „*Ich möchte Euch jetzt ein Video über das bisherige Leben meiner wundervollen Tochter zeigen*" sagte er stolz und gab den Startschuss für den folgenden Film. Aus Erfahrung weiß ich, dass solche Clips in der Regel zwischen fünf bis zehn Minuten dauern. Hier verwende ich jetzt aber bewusst den Begriff Film, denn was folgte, war ein exakt 97 Minuten dauernder Streifzug durch das bisherige Leben seiner Tochter von der Geburt an auf 8mm bis hin zu den neuesten Urlaubsaufnahmen in HD. Das war extrem, auch für mich – wenngleich ich hinter der Leinwand positioniert war und nebenbei ein wenig Musik-Datenbankpflege betreiben konnte.

Dann war es endlich geschafft, Beifall gab es von niemandem, als der Zeiger auf der Uhr 23.43 Uhr anzeigte. Ich machte mich startklar und wollte loslegen. Doch es sollte noch schlimmer kommen: „*Moment! Bevor hier alle einschlafen, habe ebenfalls ich einen Film über das Leben meines Sohnes beizusteuern.*" tönte es von Hugos Mutter. Ein Raunen ging durch die Partygesellschaft und alle blickten hoffnungsvoll flehend in die Runde, ob nicht vielleicht irgendjemand etwas dagegen unternehmen könnte. Doch das tat niemand. Und während ich mich mal wieder nach den möglicherweise versteckten Kameras der gleichnamigen ARD-Fernsehsendung umschaute, aber leider keine zu entdecken vermochte, startete nicht der Clip – genau, es begann der zweite abend-füllende Film. Mit 75 Minuten zwar etwas kürzer als der Vorhergehende endete das Spektakel schließlich um kurz nach ein Uhr. Um zehn vor halb zwei startete ich den Eröffnungstanz und die Party konnte endlich beginnen. Von den älteren Gästen und der Verwandtschaft blieb so gut wie niemand mehr. Ab halb eins waren nur noch die Freunde des Brautpaares anwesend, ausnahmslos Medizinstudenten der örtlichen Universität. Diese feierten bis fünf Uhr in den Morgenstunden und es fiel auch mir nach diesem schleppenden Start schwer, mich wirklich zu motivieren. Schließlich hatte ich danach noch insgesamt gut 2.600 Meter zu gehen, um meine Veranstaltungstechnik wieder ins Auto zu verladen und endlich nach Hause fahren zu können.

Sodom und Gomorra

Wohl nie vergessen werde ich das Event eines Unternehmens aus der Automobilbranche während einer Messe. Was hier geschah, lässt mich heute noch fassungslos zurück, auch wenn sich oft ähnliche, deutlich weniger intensive Situationen gerade bei Firmenevents abspielen.

Nach meiner Anfahrt zum edlen Veranstaltungsort installierte ich die Veranstaltungstechnik und wartete auf die Gäste, welche den ganzen Tag über auf einer internationalen, gut besuchten Messe gearbeitet hatten. Gegen 20 Uhr waren um die vierzig Mitarbeiter anwesend, die meisten davon Männer im Alter zwischen 40 und 60 Jahren. Aber auch junge Praktikantinnen, Auszubildende und Sekretärinnen aus der Firma, welche ich nun mit partytauglicher Musik versorgen sollte. Es wurde gegessen, es wurde gelacht, es wurde getrunken, soweit also überhaupt nichts Ungewöhnliches, wenngleich ich sehr schnell bemerkte, dass die Chefs des Unternehmens schon jetzt unzweifelhaft lüsterne Blicke auf die anwesenden jungen Damen warfen. Zu den damals modernen Songs aus den Charts wurde getanzt und weiterhin dem Alkohol gefrönt. Was mir schon zu diesem Zeitpunkt auffiel, war, dass sich immer wieder Pärchen weise Mitarbeiter völlig betrunken zurückzogen und offenbar nach draußen vor die Tür gingen. Nun gut, dachte ich mir, das ist jetzt auch nicht so ungewöhnlich, meist wird ohnehin an der frischen Luft Zigarre geraucht und Whiskey konsumiert.

Gegen 22 Uhr spürte ich ein menschliches Bedürfnis, legte einen der aktuellen Stimmung auf der Tanzfläche entsprechenden Song in verlängerter Version auf und machte mich auf den Weg zur Toilette. Zu meiner Verwunderung gab es keine wandhängenden Urinale, sondern lediglich drei einzelne Kabinen. Egal, dachte ich mir und drückte entschlossen die Türklinke des ersten WC. Womit ich nicht gerechnet hatte, war, dass dahinter eine junge Dame kniete und dem auf dem Toilettensitz befindlichen Herrn offenbar mündlich etwas Entspannung verschaffte. Trotz der Tatsache, dass Sie die Tür mit gar nicht so wenig Schwung in den Rücken bekommen haben musste, störte sie das überhaupt nicht und auch der Mann hatte offensichtlich nichts mitbekommen. Mein „*Oh, Entschuldigung*" verpuffte dementsprechend und ich schloss die Tür. Also Kopfschütteln, sammeln und zur Nächsten. Tür auf, etwas vorsichtiger – man weiß ja nie – und was soll ich sagen: eine junge Dame mit hochgezogenem Minirock saß rücklings auf dem Chef des Unternehmens und ritt diesen, als gäbe es kein Morgen mehr. Diesmal blieb meine Störung allerdings nicht unbemerkt und vier Augen starrten mich wütend an: „*Tür zu aber zackig!*" war der Kommentar des Mannes und ich wollte dieser Aufforderung sofort nachkommen, da wurde schon ein „*Na los, Du Penner*" von der Dame nachgeschoben.

Ich schloss auch diese Tür und war bereits jetzt mehr als bedient. Zumal ich immer noch dringend auf die Toilette musste und der Weg zurück ans DJ-Pult ebenfalls anstand.

Die dritte Tür zu öffnen, ersparte ich mir lieber direkt, nachdem ich in leicht gebeugter Haltung vier Füße durch den breiten Spalt unter der Tür sehen konnte. Die Geräusche waren ebenfalls mehr als eindeutig, sodass mir sofort klar war, was hier gerade geschah.

Tja, und nun? Ich entschied mich vor die Tür der überregional bekannten Eventlocation zu gehen und erleichterte mich dort im Dunkeln an der Hauswand, denn der Veranstaltungsort befand sich relativ zentral in der Innenstadt und woanders wäre es schlichtweg nicht möglich gewesen. Im Anschluss daran ging ich zurück zu meinem Arbeitsplatz, lief am Tresen vorbei und fragte die Kellner, ob ich mal kurz ihr Waschbecken benutzen dürfte zum Händewaschen. *„Wieso gehst du denn nicht aufs Klo?"* war der lapidare Kommentar, der mir flapsig entgegnet wurde. Ich zuckte nur mit den Schultern und ließ das ohne Antwort stehen. Am DJ-Pult angelangt mixte ich den nächsten Song und dachte nur noch kurz über das gerade Erlebte nach. Eigentlich geht es mich als Dienstleister nichts an und eine Bewertung steht mir erst recht nicht zu.

Nach wenigen Minuten kam eine der jungen Damen von der Toilette zurück auf die Tanzfläche. Allerdings nicht, ohne sich ständig über den Mund zu wischen und mit der Zunge die Mundwinkel zu säubern. Die Frau hatte schon ordentlich Alkohol zu sich genommen, sie tanzte sofort wieder los und wurde von zwei anderen Kollegen entdeckt und angemacht. Es dauerte keinen ganzen Song, als sie Arm in Arm und Hand am Hintern mit diesen beiden abzog. Wohin sie gingen, was sie taten – darüber lässt sich nur mutmaßen.

Die andere Frau, welche mit dem Chef auf der Toilette war, kam schließlich auch wieder – mit eindeutigen Flecken auf dem eigentlich schicken rosa Kleid, wie man im Scheinwerfer-Licht unschwer erkennen konnte. Dem zweiten Chef des Unternehmens war das offensichtlich egal, als er sich keine fünfzehn Minuten später mit der Praktikantin verzog. So ging das den gesamten Abend über, ich glaube, so ziemlich jeder Mitarbeiter hatte auf der Veranstaltung auf irgendeine Art und Weise Sex. Getanzt wurde zwischenzeitlich ebenfalls, aber das war scheinbar nur Nebensache. Mir war es egal, meine Rechnung wurde vorab bezahlt und um zwei Uhr nachts war der Spuk dann vorbei. Dass es auf Firmenfeiern nicht gerade zimperlich zugeht, das wusste ich aus den Jahren zuvor – nackt den Hintern auf dem Kopierer abzulichten, ist das eine, aus der After-Messe-Party eine *Swinger-Veranstaltung* werden zu lassen, aber das andere.

Das Marianne Rosenberg-Gruselkabinett

Ich wurde zu einer Geburtstagsfeier in einer deutschen Großstadt gebucht und hatte wenig Hoffnung auf eine halbwegs vernünftige Veranstaltungslocation – bereits der Name suggerierte nichts Gutes. Vor Ort war es dann tatsächlich auch eine rustikale, teilweise heruntergekommene Kneipe, in deren Keller der Partyraum für den 60. Geburtstag von Rüdiger schon eingerichtet war. Irgendwie war alles dunkel und ich fragte beim Service nach der Möglichkeit, mir etwas mehr Licht einzuschalten, damit der Aufbau schneller von der Hand ginge und ich mich sicherer fühlen würde – denn beim Gang die dunkle Treppe herunter stürzte ich beinahe. Das sei jetzt noch nicht geplant, man müsse schließlich die Stromkosten im Blick behalten und die Feiergesellschaft käme erst in anderthalb Stunden. Etwas merkwürdig, aber egal.

Mit Taschenlampe baute ich also in einem kleinen Raum die Boxen, Licht und DJ-Controller auf, ohne mir so richtig die Wände anzuschauen. Hin und wieder fiel ein Lichtschweif auf diese und ich glaubte, jede Menge Bilder von Frauen zu erkennen – gedacht habe ich mir dabei aber nichts weiter. Die Ersten trafen um 18 Uhr ein und ich stand im dunklen Raum an meinem Controller. Ein wenig Lounge-Musik im Hintergrund und mit dem Eintreten der Gäste in den Partykeller ging das Licht an. Ich erschrak und war sofort wie gelähmt. An den Wänden, an der Decke, auf dem Fußboden: überall die Schlagersängerin Marianne Rosenberg. Ausnahmslos. Marianne in jung, Marianne im mittleren Alter, Marianne aktuell. Und dazu noch mehrere Vitrinen mit CDs, Autogrammen und anderen Fan-Utensilien. Mich gruselte es. Nichts gegen *„Er gehört zu mir"* oder *„Fremder Mann"*, zweifellos zeitlose Klassiker. Aber in dieser geballten Form? Jetzt ahnte ich auch, warum man das Licht vorher nicht angemacht hatte: vermutlich waren viele frühere DJs schreiend aus dem Keller gerannt und man sah sie nie wieder. Aber ich war jetzt hier und konnte nicht weg. Es war zudem einer der wenigen Momente, in denen ich dachte: Heute trinkst du vielleicht ein Bier auf der Veranstaltung – einfach nur um zu vergessen, wo du da reingeraten bist. Das habe ich dann aber gelassen und fairerweise muss man auch sagen, die Feier war richtig gut. Ganz ohne die Musik von Marianne und auch weitestgehend ohne Schlager – warum man allerdings in diesem *„Room of Horror"* feierte, ich weiß es bis heute nicht und ich habe leider auch vergessen den Gastgeber danach zu fragen. Ich kann mir nur vorstellen, dass die Raummiete deutlich unter den üblichen Marktpreisen lag – anders ist es rational einfach nicht erklären.

Marianne Rosenberg sah ich in den 90er Jahren einmal live auf dem Baumblütenfest in Werder an der Havel, dem damals größten Volksfest in den neuen Bundesländern. Ich wollte Alex Christensen (U96) und die Boyband Bed & Breakfast live sehen, Marianne spielte das Warm-up. Ich war gefühlt der einzige junge Mann an diesem Tag vor Ort und dann auch noch in der zweiten Reihe. Sie lächelte mir permanent zu, zwinkerte und ja, ich empfand es so: flirtete. So habe ich es für mich als junger Mann Anfang 20 in Erinnerung und das machte mir damals schon ein wenig Angst.

Beten und lobpreisen wir!

Neben dem gruseligen Marianne-Rosenberg-Haus habe ich noch andere verstörende Dinge erlebt. Gebucht war ich auf einer Silberhochzeit im Süden nahe der polnischen Grenze. Die Location machte im Internet einen erstklassigen Eindruck, schön am Wasser gelegen, nett dekorierter Saal, freundliches Service-Team. Ich baute meine Technik bereits am Vormittag auf und konnte zwischenzeitlich noch die Gegend erkunden. Am Abend erschien ich schließlich pünktlich zum Start meines Engagements und legte los. Neben den üblichen Reden von Freunden und Familienmitgliedern gab es hier auch den ein oder anderen Musikbeitrag von Kindern und Erwachsenen – begleitet zum Playback von Onkel John am Keyboard. Ich hatte ehrlich gesagt nicht richtig viel zu tun in den ersten anderthalb Stunden, als das Abendessen angekündigt wurde. Helmut, der Gastgeber, sprach zu den Gästen, dass man nun gemeinsam und aus tiefster Überzeugung beten wolle. *„Was?"* schoss es mir durch den Kopf. Ich rechnete damit, dass nun einige den Raum verlassen würden oder nur ein paar Gäste ihr Haupt senken und in einer Art Schweigeminute aktiv werden würden. Aber was dann geschah war interessant: alle Gäste standen auf, fassten sich an den Händen und Onkel John schritt erneut zum Keyboard. *„Großer Herr, wir danken dir für die Entstehung allen irdischen Lebens. Wir danken dir für die Erschaffung des Grund und Bodens, auf dem wir jetzt feiern. Wir danken dir für das Festmahl, welches du für uns heute kredenzen ließest."* Und so ging es weiter. Es war skurril. Jeder Satz wurde von der *Feiergemeinde* nachgesprochen und ich dachte spätestens bei: *„Danke für die Entwicklung der Otto- und Dieselmotore zum Zweck unserer mobilen Fortbewegung"* die wollen sich und mich hier doch verarschen. Als Onkel John dann schließlich noch ein *„Danke"*-Lied zur Melodie von *„Old McDonald had a farm"* anstimmte, konnte ich mir das Lachen nicht mehr verkneifen und musste unter meinem Tisch verschwinden, um nicht laut loszuprusten:

„Wir danken Dir für Speis und Trank – E-I-E-I-O. Und für den DJ danken wir – E-I-E-I-O. Dem Keller sei dank - und der Kellnerin sei dank. Hier ein Bier, da ein Wein, überall ein Sektlein – Wir danken Dir für Speis und Trank – E-I-E-I-O."

Genau, so habe ich auch geschaut und mich köstlich amüsiert. Das merkwürdige daran war nur, dass sie es absolut ernst gemeint haben.

Eine Hochzeitsfeier, ebenfalls in Sachsen, brachte mich dagegen an die Grenzen meiner musikalischen Fähigkeiten. Ich hatte mit Keith und Victoria nur einmal kurz vor ihrer Buchung meiner Dienstleistungen gesprochen. In dem Gespräch ging es nicht um die musikalischen Vorstellungen der beiden, sondern vielmehr um organisatorische Angelegenheiten. Als ich in der Location aufbaute und vom Service gefragt wurde, welche Musik denn heute so kommen würde, entgegnete ich: *„Kann ich ehrlich gesagt gar nicht genau sagen, aber ich denke mal, 90er, aktuell, Hochzeit eben – ist ja ein junges Brautpaar".* Als die Gäste am Nachmittag dann eintrudelten, schwante mir schon etwas. Fast alle waren in Weiß oder Rosè gekleidet, ausnahmslos – auch die Männer. Victoria kam auf mich zu, übergab mir mein Gastgeschenk – eine Art Glückskeks mit einem Bibelvers als Inhalt – und einen USB-Stick mit *„christlicher Musik".* Auf meine Frage, was genau sie mit christlicher Musik meine, antwortete sie nur, ich könne gerne einmal reinhören – so etwas würden die Gäste mögen. Ich war gespannt. Gespannt, ob der Dinge, die meine Gehörgänge gleich durchfluten würden. Mir fiel als Atheist fast die Kinnlade herunter, ich hörte deutsche Lobpreislieder, Lieder der Anbetung, Glaubenslieder – alle mit dem Grundtenor: Jesus Christus ist der König der Könige. Allesamt sehr getragen und überhaupt nicht partytauglich. Der Eröffnungstanz war ebenfalls dabei – bitte fragt mich nicht nach dem Titel. Aber es wurde getanzt und auch in der Folge, obwohl – und das meine ich ernst, aber keineswegs böse – sich alle Songs gleich anhörten. Richtig gleich. Nicht *„Jeder Song von David Guetta ist fast gleich"* –

ähnlich, sondern wie eine 1:1 Kopie nur mit anderem Text. Es hatte etwas Sektenartiges auf der Tanzfläche, jede Menge Menschen in Weiß mit geschlossenen Augen, gehobenem Kopf und ausgestreckten Armen. Später erfuhr ich, dass alle unverheirateten Männer und Frauen noch Jungfrauen waren – kein Sex vor der Ehe, alles dem christlichen Glauben dieser Gesellschaft geschuldet. Irgendwann nach Mitternacht drehte sich dann wie mit einem Fingerschnips alles und die Gäste waren wie ausgewechselt – *„Cowboy und Indianer"* oder *„Geh mal Bier hol'n"* standen auf dem Programm. Manchmal steckt man eben nicht drin.

Vier Hochzeiten und eine Traumreise

Zur Hochzeit von Renate und Justin fuhr ich in ein kleines Dorf im Norden und hatte bereits beim Eintreffen an der *„Location"* ein komisches Gefühl. Es handelte sich um ein abgewracktes Nebengebäude auf einem ehemaligen NVA-Kasernengelände und die Hochzeitsgesellschaft war sich untereinander nicht besonders wohlgesonnen, keine guten Voraussetzungen also für eine rauschende Partynacht.

Die Feier selbst verlief dann trotz vieler Hits, einiger Spiele und anderer Highlights ziemlich schleppend, bis gegen Mitternacht die Mutter der Braut vorschlug, jetzt spiele man *„Vier Hochzeiten und eine Traumreise"*. Diese Sendung kennt der ein oder andere vielleicht vom Fernsehsender VOX: Hier heirateten jede Woche vier Brautpaare. Die jeweiligen Gastbräute mussten dabei das Brautkleid, die Location, das Essen und die Stimmung bei ihren Konkurrentinnen bewerten. Am Ende gewann das Brautpaar mit den meisten

Punkten eine Traumreise auf die Malediven. In dieser Sendung waren oft sogenannte verrückte Hochzeitstänze (Crazy Wedding Dance) von mir zu hören, welche ich in meinem kleinen Homestudio zusammengeschnitten habe. Mehrfach wurde ich von Brautpaaren oder Hochzeitsagenturen gefragt, ob ich nicht auch als DJ auf diesen Hochzeitsfeiern mitmachen möchte, aber ich habe das immer abgelehnt – aus einem ganz einfachen Grund. Leider hat man es als Dienstleister nicht in der Hand, wie das Material am Ende vom Sender zusammengeschnitten wird. Ist man als Discjockey beispielsweise kurz auf der Toilette und das TV-Team filmt das leere DJ-Pult, später dann noch aus irgendeinem Grund eine leere Tanzfläche – weil alle Gäste draußen sind zum Feuerwerk – kann es am Ende passieren, dass von einer schlechten Stimmung die Rede ist, weil der DJ angeblich nicht gut war. Ich kenne Kollegen, bei denen es genauso abgelaufen ist – schlechtes Marketing ist zwar auch Werbung, aber das kann wirklich niemand ernsthaft wollen.

Aber zurück zur Feier, bei der man als ersten Schritt das Brautkleid bewerten sollte. *„Ich gebe dem Brautkleid vier von zehn Punkten"* fing die Brautmutter an. *„Hast du sie noch alle, dat ist dat Kleid von die Omma"* mischte sich die Schwester ein. *„Ja und? Wenn Renate nicht so fett wäre, dann hätte sie auch besser ausgesehen da drinne."* Ich fremdschämte mich bereits für das Gehörte und was ich sah. *„Dat is, weil die Renate vielleicht schwanger ist, Du blöde Kuh"* Alles lachte, auch die Braut. *„Die ist nicht schwanger, die frisst einfach nur viel zu viel."* Ich dachte, jetzt würde es gleich zu einer Schlägerei kommen, aber nein, es schien der normale mitternächtliche Umgangston auf Partys zu sein in der Familie. Selbst die Braut lachte, obwohl es um sie selbst ging. *„Ich gebe mir zehn von zehn Punkten"*, meinte sie schließlich und weitere Gäste brüllten Zahlen zwischen sieben und zehn in die Runde. Der nächste Punkt war die Location. *„Na, das kann ja lustig werden"*, dachte ich so bei mir, denn es handelte sich um eine alte Lagerhalle, erster Stock, von außen Typ Russenkaserne. Eben kein Ort, wo man eine edle Hochzeitsfeier erwarten würde. *„Zehn Punkte von mir für diesen geilen Saal"* fing Onkel Hubert an zu schreien. *„Ja geil, hier ist richtig stark"* meinte die Brautmutter und so ging es weiter. Das einhellige Urteil der Hochzeitsgesellschaft: zehn von zehn möglichen Punkten. Am liebsten hätte ich mir das Mikrofon gegriffen und gerufen: *„Zwei von zehn, aber auch nur, weil man den Schimmel an den Wänden zwar sehen, aber nicht riechen kann. Außerdem ist mir noch keine Ratte persönlich begegnet, ich bin mir aber sicher, hier gibt es welche!"*

Gut, das Thema kam auf das Essen. Hierzu muss man sagen, es wurde geliefert vom örtlichen Fleischer, vieles hatten Braut- und Großmutter zubereitet. *„Ich habe den Fraß zwar runtergeschluckt, aber mehr als drei Punkte gibts für das Zeug nicht"* meinte der Brautvater, was ihm einen Tritt der Brautmutter gegen das Schienbein einbrachte. Gelächter. *„Kalt, ungewürzt und sah aus wie schon mal gegessen. Vier Punkte von mir"* kam von der Großmutter. *„Aber Ursel, du hast das doch selbst gekocht?"* Ursel konnte sich nicht mehr daran erinnern und setzte erst einmal ihr Whiskey-Glas an. *„Wer so etwas frisst, der hätte auch an der Front überlebt"* war schließlich das weitere Urteil von einem Onkel. Man war sich einig, dass alle satt, aber niemand zufrieden war.

Schließlich ging es zur Stimmung. Ich dachte, wenn jetzt irgendwelche blöden Sprüche kommen, dann weißt du noch nicht, wie du reagierst. *„Ey DJ, sach ma, wie fandest du denn die Stimmung hier uffe Party?"* rief mir die Brautmutter zu. Während ich überlegte, wie ich mich diplomatisch am aus der Affäre winden könnte, übernahm der Bräutigam das Wort: *„Ich fand es geil, Megaparty. Geile Mucke, geiler Suff und in ein paar Stunden mache ich meine Frau klar. Beste, zehn Punkte."* Jubel und Gelächter setzte ein. *„Stimmt, war schon super. Besonders euer Tanz vorhin hat mich erheitert, neun Punkte!"* So ging es zu meiner Beruhigung weiter und das Spiel endete mit der Erkenntnis unter allen Gästen, dass man hier die wahrscheinlich schönste Hochzeitsfeier aller Zeiten erlebt habe. Ich konnte diese Sicht nicht teilen, musste es aber auch nicht. Würde man mich heute nach vielen hundert Partys danach fragen, so käme vor allem der Veranstaltungsort und die *„Spielshow"* definitiv in meine persönliche *„Hall of Shame"*.

Ab in die Kammer

Wenn Du vor einer Veranstaltung bereits ein Schriftstück vorgezeigt bekommst, dass über diese auf gar keinen Fall berichtet werden darf, dann überkommt dich ein komisches Gefühl. Und im vorliegenden Beispiel hat mich genau dieses auch nicht getäuscht. Die Hochzeitsfeier von Nadine und Michael war an sich nichts Besonderes. Sie fand in einer netten, mir sehr gut bekannten Location statt, in einem Kellergewölbe und mit ganz normaler Musikauswahl. Vor dem Eintreffen des Brautpaares erhielt ich allerdings eine Unterlassungserklärung durch die Trauzeugin, rechtlich ziemlich gut formuliert, wie sich später herausstellen sollte. In dieser stand, dass ich keinerlei Fotos vom Veranstaltungstag machen dürfte, also was das Brautpaar und seine Gäste anbetrifft.

Der Grund dafür war, dass man wohl auf meiner Facebook-Fanseite gesehen hatte, dass ich ein Buch – dieses Buch – über meine Erlebnisse auf Veranstaltungen schreiben wollte. Schmunzelnd unterschrieb ich die Erklärung und dachte mir nicht viel dabei. Spätestens nach dem Abendessen wurde mir aber klar, warum ich über genau diese Feier besser nicht berichten sollte. Die Brautmutter begann mit ihrer Rede und diese hatte es in sich. Schließlich hatte sie schon ordentlich *„einen gebechert“* und ihr Mann war bereits vor einiger Zeit gestorben. Also folgte eine lallende Rede über alle virtuellen Gäste, welche nicht mehr anwesend sein konnten. Darüber hinaus wurden viele deprimierende, detaillierte Geschichten über Krebserkrankungen aus dem Leben Verblichener erzählt, gefolgt von Erzählungen voller Sorge aus der Kindheit der Braut. Es war Fremdschämen pur – der Trauzeuge kam zu mir und sagte: *„Was soll ich denn jetzt machen? Die zieht die ganze Stimmung nach unten. Ich muss gleich meine Rede halten."* Ich entgegnete ihm, dass er das wahrscheinlich nur noch mit einer megawitzigen Performance gerettet bekommt, aber die hatte er leider nicht parat. Nach einer gefühlten halben Stunde verließ die sturzbetrunkene Brautmutter dann endlich die Tanzfläche und die Hochzeitsfeier konnte starten. Es wurden wie vereinbart die Wünsche des Brautpaares gespielt, die vom Holzmichl bis zum 90er Jahre Rave reichten. Es war eine künstlerische Herausforderung, hier alle Genres miteinander zu vereinen.

Im Laufe des Abends kam dann auch *„Opa"* zu mir. Opa meinte, er müsste jetzt unbedingt Rudi Schuricke mit den Capri Fischern hören und noch zwei bis drei weitere Titel von diesem seiner Meinung nach einzigartigen Künstler. Auf meine Einwände, dass dies die Partystimmung aktuell zerstören würde und so nicht funktionieren werde, ich ihm dies aber bei einem guten Glas Wein morgen Abend in seinem Wohnzimmer empfehle anzumachen, reagierte er verständnisvoll, aber bereits leicht gereizt. Er ging wieder los. Als Folge des übermäßigen Alkoholgenusses, dem viele Gäste dieser Feier frönten, stand er recht bald wieder auf der Matte. Beim dritten Mal *„Nein!"* durch mich, platzte ihm schließlich der Kragen. Er beugte sich über mein Pult, legte seinen Arm um mich, drückte etwas fester zu und meinte: *„Junge, weißt du was ich mit Leuten wie dir früher gemacht hätte?"* Ich lächelte und meinte: *„Keine Ahnung, was denn?"* Seine Gesichtszüge wurden grimmiger. *„Das kann ich dir ganz genau sagen. Leute wie dich, ja, Leute wie dich hätte ich im dritten Reich in die Gaskammer geschickt. Das kannst Du mir glauben."* Opa war also ein Nazi. Der Sabber lief ihm aus dem Mund und drohte auf mein DJ-Pult zu laufen. Ich war angeekelt und erschrocken ob dieser Aussage.

Mir fiel aber sofort wieder die Unterlassungserklärung ein und ich wurde mir der Tatsache bewusst, in dieser Familie stimmte einiges nicht. Wie sich die Gäste benahmen, die Umgangsformen untereinander, es war ein Trauerspiel. Dennoch wurde viel getanzt und das Gros der Partygesellschaft hatte bis tief in die Nacht Spaß. Umarmung, Trinkgeld – eine solide Hochzeitsfeier. Was mich dazu brachte, einfach mal im Nachhinein nach einer Kundenbewertung zu fragen. Das mache ich öfter, denn schließlich sollen potenzielle Kunden wissen, mit wem sie es auf Ihrer Hochzeit zu tun bekommen.

Allerdings hätte ich mir das hier besser verkniffen, denn was ich dann zu lesen bekam, machte mich wütend und ratlos. Von *„enttäuscht"* bis *„nie wieder"*, *„schlechte Anmoderation"* über *„spielte Songs nicht, Gäste waren traurig"* (offensichtlich Opa)

war da alles dabei. Man kann es nie allen recht machen, aber hier tobte sich das Brautpaar geschützt von der Anonymität des Internets öffentlich aus. Probleme in der Partnerschaft oder der Familie können natürlich zu Frust führen, diesen allerdings am unbeteiligten kleinen Dienstleister auszulassen ist schade. Aber offensichtlich suchte sich dieses Pärchen einen Kanal für die ganzen familiären Unstimmigkeiten und meine Anfrage zum Feedback konnte hier einen guten Beitrag leisten. Übrigens hielt ich mich selbstverständlich an die unterzeichnete Vereinbarung und stellte weder Fotos vom Brautpaar noch von den Gästen online. Lediglich unverfängliche Bilder der Hochzeitslocation und von der schicken Deko wurden bei Facebook veröffentlicht – mehr als 1.000 Views innerhalb von 24 Stunden waren die Folge. Allerdings meldeten sich bald Hochzeitsgäste und verbaten sich selbst dies. Auch das Brautpaar schrieb mich „*freundlich*" an, dass ich gegen die Erklärung verstoßen würde und das Folgen haben werde. Des lieben Friedens willen nahm ich dann alle Bilder von meiner Webseite – in bis dato sieben Jahren Firmengeschichte und mehreren hundert Hochzeiten ist mir ein solches Verhalten aber noch nie untergekommen. Es ist immer schade, wenn Brautpaare unzufrieden sind. Gott-sei-Dank ist dies aber die absolute Seltenheit und wie beschrieben liegen die Gründe oft sehr viel tiefer. Wer solche Situationen vermeiden oder entschärfen will: Ich habe mir sagen lassen, es gibt eine großartige Best Of-Schellack-Platte von Rudi Schuricke, möglicherweise wäre das ja die Lösung gewesen. Allein, ein Grammophon steht in meinem Technikpark nicht zur Verfügung.

Um noch einmal kurz auf den älteren Herrn mit offenbar 1933er-Gesinnung zurückzukommen, so selten sind derlei Begegnungen gar nicht. Ich erinnere mich an eine schicke Hochzeitslocation an einem Strandbad und hatte mich dort mit dem zukünftigen Brautpaar verabredet. Weil ich etwas früher am Veranstaltungsort aufschlug, konnte ich mir vom Besitzer alles zeigen lassen und traf dabei auch seinen Vater. Dieser war über 90 Jahre alt, lief am Rollator und hatte keinerlei Probleme damit, rechtsradikales Gedankengut anzupreisen und sich das dritte Reich zurückzuwünschen. Leider hörte er auch nicht damit auf, als das Brautpaar eintraf und Enrique (Puertoricaner) sich höflich vorstellte. Die Sprüche und Beleidigungen gegen seine deutsche Frau und ihn, mit einem Grinsen vom Betreiber quittiert, kann ich hier unmöglich aufschreiben. Was mich am meisten daran erstaunte, war die Tatsache, dass Natalie und ihr zukünftiger Mann die Hochzeitsfeier dort nicht sofort stornierten, sondern die Ruhe behielten. Ganz ehrlich, ich weiß nicht, ob ich das in dem Fall gekonnt hätte.

Die weiße Frau

Ich erinnere mich eine Heimfahrt von einer Veranstaltung im Spreewald, die mir das Blut in den Adern gefrieren ließ und bei mir auch heute noch eine Gänsehaut erzeugt. Ich bin ein großer Fan von Horrorfilmen, aber die gruseligsten Geschichten schreibt bekanntlich das Leben. Ich fuhr also nach der Wahnsinns-Hochzeitsfeier nach Hause und habe wie immer meinen Lieblingsradiosender Inforadio von RBB24 eingeschaltet. Meine Augen glitten wachsam über die Straße und die angrenzenden Seitenstreifen, stets bereit einen der üblichen Verdächtigen zu sehen und noch bremsen zu können. Und dann stand sie da zwischen Baum und Seitenstreifen: *„Die weiße Frau"*. Alt, dürr und mit einem weißen Kleid, welches aussah wie frühere Gardinen, die ich noch aus DDR-Zeiten kannte.

Tausend Gedanken schossen mir in diesem Moment durch den Kopf: eine Rentnerin, aus einem angrenzenden Seniorenheim entflohen? Ein Unfall, liegt im Wald das dazugehörige Auto? Ich machte keine Vollbremsung, aber wurde entscheidend langsamer. Weit und breit war außer mir schon seit vielen Kilometern kein Fahrzeug zu sehen. Als ich fast zum Stillstand gekommen war und mich entschlossen hatte, trotz Respekt vor derlei Situationen in der Nacht – man weiß doch nie, ob es nicht beispielsweise eine Masche von Autodieben ist – anzuhalten, war die Frau verschwunden. Ich schwöre, es war als hätte sie sich vor meinen Augen in Luft aufgelöst. Nein, ich hatte nichts getrunken, nein, es waren keine Reflexionen von irgendwelchen Lichtern und übermüdet war ich ebenfalls nicht. Es gruselte mich. Ich trat aufs Gas und fuhr nach Hause.

Am nächsten Tag führte mich mein Weg wieder in den Spreewald, allerdings in einen Ort nur ein paar Kilometer weiter und ich hatte dort eine Hochzeitsfeier. Spät am Abend erschien ein von den Trauzeugen engagierter Geschichtenerzähler, welcher als Nachtwächter verkleidet war und entführte die Gäste zu einer Nachtwanderung. Ich wurde vom Brautpaar eingeladen mitzukommen und folgte dieser netten Geste. Während in der Location Chill-out Musik lief, spazierten wir also entlang der Ausläufer der

Spree und erfuhren viele spannende Storys aus der Region. Bis er anfing, von der alten, weißen Frau zu erzählen, die seit Jahren in der Gegend herumspukt und keinen Frieden findet. Die Heimfahrt war diesmal für mich besonders anstrengend. Ich als gestandener Mann Ende 30, hatte Angst der weißen Frau erneut zu begegnen. Irre? Irgendwie schon. Aber ich hatte mich nach dieser Grusel-Geschichte von der Nachtwanderung entfernt und ein wenig im Internet recherchiert. Der Legende nach soll eine Frau in der Region vor vielen Jahren auf einer Landstraße überfahren und zurückgelassen worden sein – sie starb. Ihr unruhiger Geist soll seitdem Autofahrern erscheinen: halten diese nicht an, sitzt die weiße Frau plötzlich neben ihnen und greift ins Lenkrad, was zu Unfall und Tod des Autofahrers führt. Ehrlich, beim Schreiben dieser Zeilen kriege ich schon wieder Gänsehaut. Wäre das Ganze nicht am Vorabend passiert, sondern erst in der Nacht, nachdem ich die Geschichte gehört habe, dann hätte ich an Unterbewusstsein und Sinnestäuschung gedacht. Aber bei Gott, es war so real und verursacht noch heute einen kalten Schauer auf meinem Rücken. Und manchmal frage ich mich: Hat das kontrollierte Abbremsen schon gereicht, um nicht als Opfer zu enden? Ich bin nicht abergläubisch, aber das war im Nachhinein eines der verrücktesten Dinge, die ich in meinem Leben erlebt habe.

Ich weiß auch nicht, ich muss bei dieser Geschichte immer an das Lied *„Laura Jane"* von Howard Carpendale denken. Im Text trifft ein Mann eine Frau, trinkt Wein mit ihr in einem verlassenen Landhaus und erfährt am nächsten Tag, dass sie bereits seit 100 Jahren tot ist.

Ein ebenfalls leicht gruseliges, wenn vielleicht auch normales Erlebnis, hatte ich erst vor einigen Monaten auf einer verlassenen Landstraße in der Uckermark. Ich fuhr nichtsahnend um eine Kurve und erschrak – noch halb auf der Fahrbahn und halb auf dem Seitenstreifen stand ein Mann mit Fischerkutte, einem Schürhaken, mit dem er den Boden absuchte und einem großen Bottich. Ohne Witz: Ich dachte sofort an *Jeepers Creepers*", den Horrorfilm. Zum Glück kam auf der Gegenseite kein Fahrzeug und ich konnte auf die andere Fahrbahn ausweichen. Es waren auf die nächsten fünf Kilometer vor und nach dieser Stelle keine Dörfer und Häuser anzutreffen. Ein Auto stand auch nirgendwo. Ich frage mich also seitdem, wie kam dieser Mann dorthin und was zur Hölle hat er um 2.30 Uhr dort gemacht? Tief in der Nacht konnte ich im Rückspiegel nichts mehr sehen und bin weitergefahren. Anhalten und fragen – um Gottes Willen, er brauchte definitiv keine Hilfe. Vielleicht sollte ich meinen Horrorfilm-Konsum für die Zukunft überdenken.

Die Heimfahrten nachts sind oft, sagen wir speziell. Man sieht Pärchen, die sich mitten in der Innenstadt ungeniert ihrer Leidenschaft hingeben und verschiedene Sex-Praktiken an den Mauern von Landtagen oder Museen vollziehen, Jugendliche pöbeln gegen meinen vorbeifahrenden PKW – ganz ehrlich: Oft bin ich froh, dass sich die Türen vom Auto von innen verschließen (lassen).

Den DJ ignorieren wir

Einen entspannten Kunden erlebte ich vor einiger Zeit bei der Hochzeitsfeier in einer alten Burgschenke. Dem zukünftigen Brautpaar hatte ich fast auf das Datum genau ein Jahr zuvor ein Angebot per Mail zugesandt und direkt am nächsten Morgen ein Fax mit der Auftragsbestätigung erhalten. Bis zum großen Tag der beiden hatten wir keinen weiteren Kontakt, meine Mails und Anrufe blieben unbeantwortet. Ein paar wichtige Dinge wie den Ablauf, den Eröffnungstanz und besondere Musikwünsche gibt es immer zu besprechen und ich finde ein persönliches Kennenlernen, sei es auch per Videokonferenz, ganz angenehm. Ich fuhr also zu der Veranstaltung und hoffte, dass diese überhaupt stattfinden würde. Alles war perfekt eingedeckt, ich baute meine Technik auf und wartete in dem rustikalen Saal auf das Eintreffen der Gäste und des Brautpaars. Die große Tür öffnete sich irgendwann am späten Vorabend, Hannes und Fanny traten ein, nickten mir freundlich zu und setzten sich an ihren Platz. Wenige Augenblicke später gab mir der Trauzeuge der beiden einen Umschlag mit der vereinbarten Gage. Nach dem Abendessen kam er erneut, drückte mir eine CD mit einem selbstkreierten Hochzeitstanz für die zwei Protagonisten des Tages in die Hand und meinte, in fünf Minuten könne es losgehen. Das Brautpaar schritt auf die Tanzfläche und wartete auf den Start. Es wurde eine schöne und runde Party, an deren Ende mir Trauzeuge Erik einen weiteren Umschlag mit 50 € Trinkgeld und dem inliegenden Wort *„Danke"* überreichte. Ich habe während des gesamten Nachmittags, abends und der Nacht also keine einzige Silbe mit dem Brautpaar selbst gewechselt, das fand ich schon etwas befremdlich. Wenigstens eine kurze Begrüßung sollte drin sein, schließlich ist man nicht irgendjemand, sondern einer der bedeutendsten Dienstleister auf der Hochzeitsfeier. Das sage ich nicht, weil ich mich für etwas Besonderes halte. Aber Fakt ist eins: Wenn der DJ schlechte Laune hat, dann überträgt sich das auf die Servicekräfte, die Hochzeitsgesellschaft und man wird sich an eine Party ohne Stimmung noch lange erinnern. Auch wenn man viel um die Ohren hat, am schönsten Tag im Leben, dem Discjockey und allen beteiligten Gewerken auf der Feier kurz *„Hallo"* zu sagen, ist schnell erledigt und tut keinem weh. Im Gegenteil, es zaubert den Dienstleistern ein Lächeln ins Gesicht und wirkt sich garantiert immer positiv auf die Stimmung während einer Veranstaltung aus.

Party mit dem Pornostar

Mir fällt gerade eine kurze, etwas witzigere Geschichte ein, welche im Süden Brandenburgs spielt. Ich wurde von einem Schweizer Pärchen zu dessen Hochzeitsfeier gebucht und wir erlebten gemeinsam eine legendäre Party mit deutschen und Schweizer Hits, zum Beispiel von Lo & Leduc *(„079")*. Während der Feier kam des Öfteren eine junge hübsche Frau zu mir und wünschte sich Lieder, welche ich im Laufe der Nacht auch alle spielte. Einfach Wahnsinn wie die Schweizer feiern konnten, das hat richtig Spaß gemacht und gehörte definitiv zu den coolsten Partys in meiner ganzen Laufbahn. Auch heute haben wir noch Kontakt zueinander und die beiden möchten unbedingt noch einmal mit mir feiern, dann in der Schweiz und mit meiner Familie gemeinsam.

Einige Monate später erfuhr ich auf Facebook, dass die Beiden zur Erotik-Messe VENUS nach Berlin wollten. Da ich schon immer einmal geplant hatte, dorthin zu gehen, aber sich von meinen Freunden niemand traute, mitzukommen (oder kniff, oder nicht durfte), hatte ich es ad acta gelegt. Nun sah ich meine Chance gekommen und ich schrieb Jessica über den Facebook-Messenger an. *„Klar kannst Du mitkommen, da freuen wir uns! Lass uns gemeinsam hingehen, wir haben VIP-Tickets, wir kennen ja die H.S., eine meiner besten Freundinnen, du kennst sie ja auch schon"* Ich freute mich, aber verstand nicht: Woher sollte ich H.S. kennen? Jessica schickte mir unglaublich viele Lach-Smileys: *„Im Ernst? Da machst du die ganze Nacht Party mit einem der angesagtesten und erfolgreichsten Pornosternchen Deutschlands und hast es nicht gemerkt? LOL"* Ich schmiss sofort den Rechner und Google an, dann fiel es mir wie Schuppen von den Augen: na klar, die junge hübsche Frau, welche sich unzählige Lieder bei mir wünschte, war die Pornodarstellerin H.S. aus dem Internet, auch im Fernsehen hatte ich schon zahlreiche Berichte gesehen. Erkannt hatte ich sie tatsächlich nicht. Meine Freunde lachten in den Wochen danach, wann immer ich ihnen diese Geschichte erzählte und waren neidisch auf mich. *„Mir wäre das nicht passiert, die Kleine hätte ich auf dem Klo klargemacht!"* waren die harmlosesten Kommentare einiger Single-Männer. Tja, so kann es gehen – mit einem Autogramm von ihr hätte ich mich in meinem Freundeskreis vermutlich unsterblich gemacht.

Auf der Spur des Erbrochenen

Ich war zu Gast auf der Hochzeit von Maria und Ulf und wurde bereits vorab gewarnt. Die Gesellschaft sei wenig tanzfreudig und überhaupt könnte es etwas ruhiger zugehen. Das muss nicht zwangsläufig schlecht sein, sofern die Stimmung trotzdem gut ist. Hier war das allerdings komplett anders. Schon während des Aufbaus spürte ich die negativen Schwingungen unter den Gästen, ganz egal ob jung oder alt.

Der Nachmittag gestaltete sich wie bei einem Senioren-Kränzchen im Altersheim und nichts deutete auf eine Hochzeit hin. Keine Stuhlhussen, keine Tischdeko, keine Reden, kein Geschenketisch oder ähnliches. Nach dem Abendessen sollte es dann mit der eigentlichen Party losgehen. Ich nahm also mein Mikrofon in die Hand und begrüßte die Hochzeitsgesellschaft, um diese anschließend nach vorne zu bitten, sich im Kreis aufzustellen, um dem Brautpaar beim Eröffnungstanz besonders nah zu sein. Zu meinem großen Erstaunen blieben die Gäste sitzen, aber wirklich alle. Manch einer drehte seinen Kopf Richtung Tanzfläche, aber die meisten schauten weiter auf ihr Handy. Ich überlegte kurz intensiv, ob vielleicht irgendein wichtiges Fußballspiel lief, was die Menschen fesseln könnte, kam aber zu keinem Ergebnis. Nun gut, ich wiederholte meine Ansage und mein Bitten, aber nichts änderte sich. Das Brautpaar nickte mir zu und meinte, ich könne ruhig starten. Gesagt, getan, während des gesamten Tanzes stand niemand auf, von den 45 Gästen schauten ungefähr zehn den beiden zu. Ein Applaus am Ende des Titels, ein Tanzen danach? Fehlanzeige! So etwas hatte ich bisher auch noch nicht erlebt. Ich spielte die Musik für mich allein, es kam tatsächlich keinerlei Stimmung auf und die Ersten gingen bereits sehr früh, ohne Verabschiedung von Maria und Ulf.

Die beiden waren dann gegen Mitternacht aber auch verschwunden und ich fragte mich, wofür oder besser für wen ich nun überhaupt noch Musik spiele. Ein Gast kam irgendwann zu mir und meinte: *„Die vögeln unten auf dem Klo, da brauchst du nicht zu warten, das dauert."* Ich sah das Brautpaar bis zwei Uhr nicht mehr, am Ende waren noch drei der eingeladenen Freunde vor Ort. Ich baute meine Technik ab und wollte zum direkt vor der Location geparkten Auto laufen. Doch schon beim Verlassen des Feiersaals im zweiten Stock schwante mir böses. Eine Spur aus Erbrochenem und Kot zierte das Treppenhaus und stank wie die Hölle. Dummerweise war der Fahrstuhl defekt und ich hatte nun das große Vergnügen, durch diesen *„Exkrementen-Dschungel"* zu stapfen. Ich ekelte mich, war angewidert und musste aufpassen, nicht auszurutschen. Das Ganze wiederholte sich insgesamt vier Mal. Treppauf, Treppab mit schweren Koffern. Irgendwann begegnete mir der Restaurantbetreiber und meinte: *„Sorry wegen des Fahrstuhls, aber da drin haben es vorhin welche getrieben und ich musste den Notdienst rufen, weil sie so betrunken waren, dass sie nicht mehr allein rauskamen. Jetzt lasse ich da keinen mehr rein."* Auf meine Frage, ob er denn wenigstens Maria oder Ulf gesehen hätte, sagte er mir, dass die beiden nackt aufeinandergestapelt auf der Toilette liegen würden – inmitten des *„Urin-Kot-Erbrochenen-Breis"*, der auch im Treppenhaus von oben nach unten führte. *„Ja, das ist alles von denen, Dreckschweine die. Aber was soll ich machen, die Konkurrenz* *hier in der Gegend ist groß. Ärger und schlechte Bewertungen kann nicht brauchen, also mache ich das gleich mit meiner Frau weg."*

Ich war nur noch angewidert und wollte schnellstens nach Hause. Am Tag darauf habe ich dann erst einmal meine Schuhe gewaschen, zu eklig waren die Erinnerungen an den Abschluss dieses Abends. Ähnliche Situationen sollten mir in den nächsten Jahren leider noch mehrmals begegnen. Ich erinnere mich an eine Hochzeitsfeier in Sachsen, auf welcher ich mit meiner kompletten Veranstaltungstechnik mehrmals über eine *„Weinkönigin"*, also eine richtig betrunkene Frau, steigen musste, um aus der Location zu kommen. Zwischenzeitlich bat ich den Service zu testen, ob die Frau überhaupt noch lebte. Ihr geholfen, von dort wegzukommen hat aber niemand. Derlei Szenen gehören leider dazu und sind öfter der Fall. Ich bin der Meinung, jeder sollte seine Grenzen deutlich kennen und sich nicht bis zum absoluten Filmriss abschießen – erst recht nicht auf Hochzeiten.

Ein Tag zum Vergessen

Zur Hochzeit von Magdalena und David war ich in ein schickes Hotel in eingeladen. Weil ganz in der Nähe meine Eltern wohnen, war ein Aufbau der Licht- und Tontechnik bereits am Mittag in der Location vorgesehen. Dieser Service bietet sich immer gut an, denn so sind noch keine Gäste der Hochzeitsgesellschaft vor Ort und man stört niemanden beim Kaffee, Reden oder anderen Programmpunkten. Gemeinsam mit Stephi, meiner Frau, gelang mir der Aufbau schnell und ohne irgendwelche Probleme in dem überdachten Glaspavillon, wo später gefeiert werden sollte. Am Ende pegelte ich das Mikrofon ein, führte den obligatorischen Soundcheck durch und verließ den Veranstaltungsort.

Wir hatten uns nur wenige Kilometer vom Hotel entfernt, als mir einfiel, dass ich meinen Laptop liegengelassen hatte – das damalige *Herzstück* meiner Arbeit. Auf ihm befanden sich weit mehr als 50.000 Titel, Kundendaten und vieles mehr. Die Tatsache, dass er natürlich ordentlich abgesichert war, beruhigte mich nur wenig. Panik stieg in mir auf und ich wendete meinen noch neuen Firmenwagen. Stephi meinte, ich solle langsam machen, wir hätten genug Zeit, aber ich dachte nur daran, was passieren würde, wenn die

Mitarbeiter nicht mehr vor Ort waren und der Raum abgeschlossen. Ich raste förmlich zurück, parkte ein, stürmte hinein und da war er noch: Mein Laptop. Schnell, aber glücklich und verschwitzt wieder raus, rein ins Auto, Rückwärtsgang eingelegt, mehr als ordentlich Gas gegeben und peng! Es gab einen Riesenknall und ich wusste, das war jetzt nicht gut. Ich stieg aus und sah, dass ich eine alte Laterne umgefahren hatte, das Glas war gesplittert, die Laterne stand in einem 45 Grad Winkel. Am Auto selbst war die Stoßstange deformiert und gerissen, der weiße Lack abgeplatzt. Ich hätte heulen können. Alle Mitarbeiter in der Location standen an der Tür, schüttelten den Kopf oder schauten einfach nur erschrocken. Ich ging zu ihnen, teilte ihnen das mit, was unübersehbar war und bat darum, den Schaden beseitigen zu lassen. Der Hausmeister würde sich darum kümmern, das mit dem Auto sei viel schlimmer. Traurig fuhr ich zurück zu meinen Eltern, nicht wissend, dass dieser furchtbare Tag noch eine weitere unschöne Überraschung für mich bereithalten würde.

Am Abend traf ich zur Hochzeitsfeier des Brautpaares ein und musste vor der Location warten, denn es fanden noch einige Reden statt, wie ich durch die Glastüren sehen konnte. Der Hausmeister kam zu mir, legte seine Hand auf meine Schulter und sagte nur: *„Da hast du ja ganze Arbeit geleistet, mein Junge, ich habe es repariert, aber das wird nicht billig. Hoffentlich bist du gut versichert!?"* Mir war das egal, mein kaputtes Auto fand ich wesentlich schlimmer. Aber es sollte nur ein Spaß sein, ich bräuchte nichts zu bezahlen, teilte er mir dann mit. Er schien etwas verärgert darüber, dass seine Veralberung bei mir nicht richtig gezündet hatte. Als ich endlich an mein DJ-Pult konnte und meinen Laptop auspackte, sah ich mehrere Kabel in der Verlängerungsdose stecken, welche definitiv nicht zu meinem Equipment gehörten. Ich verfolgte diese und entdeckte relativ schnell auf der anderen Seite meines Standortes den Aufbau eines Band-Setups. Freunde von David hatten eine Studentenband und wollten am Abend etwas zum Besten geben. Einer der Musiker muss meine fragenden und überraschten Blicke wohl gesehen haben, kam zu mir und klärte mich auf. *„Keule, wir haben uns einfach mal an deine Steckdose rangehängt, da waren ja noch welche frei. Ich hoffe, das ist ok?"* Normalerweise finde ich das gar nicht so witzig, denn ich trenne sehr gerne die Stromkreise: einen für das Licht, einen für den Ton. Warum? Fällt das Licht aus, dann hat man wenigstens noch Ton – fällt der Ton aus, so ist es wenigstens hell. Wenn beides gleichzeitig nicht mehr funktioniert, könnte unter den Gästen Panik ausbrechen und das kann niemand ernsthaft wollen. Was das Anschließen von fremden Stromsteckern an meine Steckdosenleiste betrifft, verhält es sich ähnlich: Ich weiß, was ich angeschlossen habe und wie es abgesichert ist. Kommen jetzt zusätzliche Geräte hinzu, völlig egal ob Handy-Ladekabel, Keyboard oder ähnliches, kann es unter Umständen Probleme geben. Ob Brummschleifen, Feedbacks oder sogar Aussetzer beim Sound über die Boxen, ich habe das alles schon erlebt.

Auf dieser Hochzeit hatten die Bandmitglieder aber nicht nur etwas, sondern alles über meine Steckdosenleiste laufen lassen, was sie dabeihatten. Keyboard, Verstärker, Mischpult und vieles mehr. Ich meinte zähneknirschend, das sei jetzt nicht so schlimm und würde schon gehen, da wir ja nicht zeitgleich spielen und ich meinen DJ-Controller während ihrer Sets ausschalten könnte. Er klopfte mir begeistert auf die Schulter und ging los. Während jemand aus der Verwandtschaft die nächste Rede hielt, schaltete ich mein Setup ein, erst den Controller und danach die beiden Boxensysteme. Alle LEDs leuchteten an meinem DENON DN-MC6000 und ich war startklar. Doch was war das? Kein Ton über den Kopfhörer, das war merkwürdig. Mittags hatte es funktioniert. Die Rede war mittlerweile beendet und lediglich das übliche Stimmengewirr zu hören, bei diesmal 110 Personen ein ordentlicher Geräuschpegel. Ich legte einen Song ins Deck und spielte diesen ab. Langsam den Lautstärkefader nach oben und es passierte: Nichts. Kein Pieps war zu hören. Ich überprüfte umgehend alle Steckverbindungen zwischen Boxen und Controller, sämtliche Einstellungen der Kanäle in der Serato DJ-Software – aber es war einfach nichts zu hören. Analog zur Sorge meines vergessenen Laptops am Mittag stieg auch diesmal wieder Panik in mir auf: Was machst du denn jetzt? Ich schwitzte und ging mein internes Notfall-Protokoll durch, also alle möglichen Fehler, die es auszuschließen galt. Unmittelbar in der Nähe meines Controllers am Boden liegend fand ich ein XLR-Kabel, welches zum Setup der Band führte und mir schwante Böses: Sie hatten doch nicht etwa versucht, sich an mein Equipment *anzustöpseln*? Abgesehen davon, dass diese eine Riesenfrechheit darstellt, war es auch gefährlich und dumm. Bestimmte Instrumente sorgen nämlich für Pegelspitzen, welche nicht alle Controller vertragen. So musste es hier gewesen sein. Denn bei der Band stand auch eine E-Gitarre und diese Dinger sind tödlich für DJ-Equipment, wenn sie ohne Sinn und Verstand angeschlossen werden.

Ich hatte das Problem also erkannt: Mein Equipment war im wahrsten Sinne des Wortes nur noch ein Haufen Elektronikschrott.

Wirklich Gedanken über eine Lösung konnte ich mir nicht machen, denn der Bräutigam kam zu mir und meinte: *„Oli, es wäre schön, wenn wir jetzt den Eröffnungstanz starten. Ok?"* Mir lief es heiß und kalt den Rücken runter, das fehlte gerade noch. Gott-sei-Dank holten ihn seine Freunde von mir weg und meinten, jetzt seien sie erst einmal dran und hätten eine Überraschung – ein Set von 20 Minuten sollte gespielt werden. Ich hatte also ein wenig Zeit, mir Gedanken zu machen. In meinem Kopf schwirrte allerhand, aber nichts Konkretes. Was ich auch tat, es funktionierte nichts. Ich hatte an meinem MacBook Pro lediglich einen 3,5" Klinkenanschluss für Kopfhörer und von diesem aus ging ich nun in teure High-End-Boxen, um ihnen einen Sound für über 100 Personen zu entlocken. Ein Himmelfahrtskommando!

Als die Band zu Ende gespielt hatte und das Brautpaar mir signalisierte, jetzt könne es losgehen, war ich ziemlich ratlos und aufgeregt. Ich rief Enrico zu mir und erzählte von meinem Problem. Er war nicht begeistert, aber er wusste von weiteren Beiträgen einiger Gäste, die jetzt vorgezogen werden sollten. Eine dreiviertel Stunde später gab es keine Ausreden mehr: Jetzt musste es passieren. Alle Gäste stellten sich im Kreis an der Tanzfläche auf und das Brautpaar in die Mitte. Zu Ed Sheerans *„Thinking out loud"* sollte getanzt werden. Ich stellte mich den Gästen ohne Mikrofon vor und begann mit dem Start der Musik. Ein Totalausfall!

Nicht nur, dass es trotz maximalen Pegels an allen Geräten sehr leise war, nein, der Ton war schlimmer als ich es mir jemals hätte vorstellen können: Zudem funktionierte auch die Trennung des Signals nicht sauber, Ed Sheeran war nicht wirklich zu hören, es war praktisch eine Instrumentalversion, welche da lief. Die Gäste klatschten und johlten dem Brautpaar zu, ein Glück, sonst wäre es noch schlimmer und peinlicher gewesen. Einige schauten mich jedoch verständnislos und wütend an, ich konnte das absolut nachvollziehen. Nach dem Eröffnungstanz legte ich *„Danza Kuduro"* von Don Omar auf, einen Song mit ordentlich Bass, der nur leider nicht zu hören war und auch wie eine Instrumentalversion klang. Ich wäre am liebsten im Boden versunken, so etwas war mir noch nie passiert. Der Chefkellner kam schließlich irgendwann zu mir und fragte mich, *„was das denn hier für eine Scheiße sei"* und *„ob ich irgendjemanden verarschen wolle"*. Er könne losfahren und *„richtige Technik"* holen. Ich verneinte, aber erkannte den Kellner. Er war der Freund eines Kollegen, welcher mir in der Vergangenheit übel mitspielen wollte und der nur gut zehn Kilometer entfernt wohnte. Der Chefkellner war auch mittags anwesend und ich hatte zwischenzeitlich ein Posting bei Facebook abgesetzt, in welchem stand, wo ich am Abend auflegen werde und dass die Technik bereits stehe und einsatzbereit sei.

Ehrlich gesagt weiß ich bis heute nicht, ob es Zufall, Sabotage durch einen Kollegen oder Dummheit der Band war. Auf jeden Fall war es einer der dunkelsten Abende meiner Karriere. Zum Glück waren die meisten Gäste schon betrunken und haben den schlimmen Sound in den ersten zwei Stunden nicht vollständig wahrgenommen und faktisch zur Musik in Radio-Mittelwelle-Qualität dennoch getanzt. Die Blicke der anderen Besucher galt es auszuhalten, während eines weiteren Sets der Band kamen mir Geistesblitze in Form von Ideen und Optionen. Nach dem Re-Start der Party durch mich, war die Musik jetzt lauter, hatte Bass und war zumindest so funktional, dass eine halbwegs vernünftige Feier möglich war. Am Ende kamen Magdalena und David zu mir und wollten die Abrechnung machen. *„Oli, das war eine schöne Feier, aber das mit dem Sound am Anfang und so, weißt du ja selbst. Was machen wir denn jetzt, preislich meine ich?"* meinte Enrico zu mir. Ich habe, ohne lange zu zögern direkt 100 Euro Rabatt angeboten, das war für die beiden total in Ordnung und wir sind ohne Groll auseinander gegangen. Dennoch war mir das Ganze peinlich, das kann ich gar nicht beschreiben.

Auf jeden Fall war dies der Beginn meiner doppelten Absicherung. Ich habe seit jeher alles zweifach an Technik für Veranstaltungen dabei oder zumindest dergestalt, dass eine Party ohne Probleme weiter durchgeführt werden kann und die Kunden nichts davon merken. Meine Boxensysteme sind so dimensioniert, dass selbst mit dem Ausfall eines Elements der Rest für den gesamten Saal ausreicht.

Ich erinnere mich auch an ein Brautpaar, welches mich buchen wollte und bei mir zu Hause saß. *„Wie viele Lieder hast Du eigentlich zur Auswahl, Oli?"* fragte mich Mandy. *„Ungefähr 50.000"* lautete meine Antwort. *„Alle legal erworben, denn ich beschäftige mich, seit ich sieben Jahre alt bin mit Musik. Kassette, Schallplatte (Vinyl), MD oder Mp3 – meine Datenbank ist in mehr als 30 Jahren stattlich gewachsen."* Mandy und ihr zukünftiger Mann sahen mich erstaunt an: *„Das ist aber wenig. Wir hatten neulich ein Vorgespräch mit einem anderen DJ und der hatte 550.000 Titel in seinem Repertoire."* Nun war ich sehr überrascht und erklärte den Beiden, dass es nicht auf die Menge, sondern vielmehr auf die Qualität ankäme. *„Was denkt ihr, wie viele Songs kann ein DJ am Abend während einer achtstündigen Hochzeitsfeier etwa spielen?"* lautete meine rhetorische Frage *„etwa 120-140, je nach Länge. Davon sind vielleicht 40-50 Klassiker, die auf jeder Party funktionieren und der Rest ergibt sich aus den musikalischen Vorlieben eurer Gäste und euch."* Aus diesem Grund habe ich immer ein iPad als Backup mit mehr als 1.200 offline gespeicherten Songs dabei. Dieses sorgt für die notwendige Sicherheit, was die musikalische Auswahl angeht. Diese Klassiker, das sage ich wahrheitsgemäß immer wieder gern, würden mich eine ganze Hochzeitssaison problemlos spielen lassen, ohne LTE und WLAN vor Ort. Man benötigt als DJ keine 90 Millionen Songs wie Spotify, Apple Music oder andere Streaming-Dienstleister sie anbieten, allein die Auswahl ist entscheidend. *Tanzbar und bekannt* müssen die Titel meiner Meinung nach sein: Der richtige Song zur richtigen Zeit, das ist entscheidend – eben Qualität statt Quantität.

Die Drossel singt nicht mehr

Ich liebe Tiere, weshalb mir die folgende Geschichte auch besonders leidtut. Ich fuhr an einem Samstag zu meinem Veranstaltungsort und hatte meinen Firmenwagen vorher noch durch die Waschstraße geschickt, um einen guten Eindruck zu machen. Schließlich wusste ich, dass ich bei dieser Hochzeitslocation am Abend mein gebrandetes, also mit

Werbemitteln dekoriertes Fahrzeug direkt vor dem Eingang parken durfte und somit gute Eigenwerbung betreiben konnte.

Unterwegs auf der Landstraße bemerkte ich einen Vogel, welcher direkt auf der Fahrbahn vor mir landen wollte und dies im Anschluss auch tat. Eigentlich nichts Ungewöhnliches für Vögel, aber dieser hatte offenbar meine Geschwindigkeit anders eingeschätzt und wurde von der ganzen Wucht eines Nissan Evalia NV200 bei etwa 70 km/h getroffen. Ich vernahm ein leichtes Poltern und schaute in den Rückspiegel, aber außer zwei, drei etwas größeren Federn konnte ich nichts sehen. Ich vermutete, dass der Vogel den Abflug nach dem Zusammenstoß doch noch geschafft hatte und einfach weggeflogen wäre.

Zwanzig Minuten später erreichte ich den Landhof und fuhr mit dem Wagen guter Dinge vor. Es war ein schöner, sonniger Tag und deshalb waren auch fast alle Hochzeitsgäste vor der Location anzutreffen. Sie standen an den Stehtischen, die Kinder spielten und nun kam endlich der Hochzeitsdiscjockey. Oftmals ein Grund zur Freude, gerade wenn vorher keinerlei Musik zu hören war, der Veranstaltungsort selbst keine Hausanlage anbietet. Doch irgendetwas stimmte nicht, als ich einparkte. Ich blickte in angewiderte Gesichter, teilweise wendeten sich die Blicke direkt ab und manch weiblicher Gast schien sich sogar übergeben zu müssen. Ich stieg trotzdem immer noch fröhlich aus meinem Fahrzeug und begrüßte die Menge mit einem freundlichen *„Hallo, der DJ ist da!"*, was allerdings nicht mit einem Klatschen, freudigen *„Na endlich"* oder wenigstens dem standardmäßigen *„Wird ja auch Zeit"* kommentiert wurde, nein, die Dinge die ich diesmal zu hören bekam waren *„Ihhhhhh"*, *„Boah, ist das widerlich"* oder *„Einfach nur scheuß-lich"*.

Eine völlig neue Begrüßung – an den überfahrenen Vogel hatte ich zu diesem Zeitpunkt keinen Gedanken mehr verschwendet. Ich dachte schon, Mist, hättest du dir besser zwei Mal die Haare gewaschen und geföhnt. Meine ratlosen Blicke aber, kombiniert mit dem Starrstehen wie eine Salzsäule, animierten den Vater der Braut offenbar, mich zur Seite zu nehmen, zur vorderen Stoßstange zu führen und mir einen Vogel zu zeigen, der ziemlich zerfleddert im Kühlergrill feststeckte, aber dennoch als Ganzes zu erkennen war. *„Ja, mein Junge, das ist ganz klar eine Singdrossel. Sorry, ich meine, das war eine Singdrossel. Die singt garantiert nicht mehr."* Sprach es und nahm ohne Handschuhe oder andere Hilfsmittel den zugegeben sehr blutigen Vogelklumpen und warf ihn über den naheliegenden Zaun. Mit einem Achselzucken ging ich schließlich in die Location und machte die Hochzeitsfeier letzten Endes zu dem, was sie werden sollte – einer rauschenden Partynacht.

Ich bin als DJ naturgemäß sehr oft nachts unterwegs und froh darüber, dass ich bisher auch in mehreren hundert Nächten keinerlei nennenswerten Wildtierschaden zu verzeichnen hatte. Was sich allerdings in der Zeit zwischen zwei und fünf Uhr auf den Straßen umhertreibt, gerade im Herbst und Frühjahr, ist wirklich Wahnsinn. Wer sich einmal in diesem Zeitfenster gerade in der Uckermark ins Fahrzeug setzt, der sieht neben Igeln, Feldhasen, Waschbären und Rehen vor allem Füchse, Wildschweine und Otter. Das ist wie ein kostenloser Zoobesuch. Die glänzenden Augen der Tiere am Seitenstreifen sind unglaublich, aber mittlerweile habe ich auch ein ganz gutes Gespür für die potenziell gefährlichen Stellen auf einer Strecke. Außerdem fahre ich nachts besonders langsam und vorsichtig, um gerade solche Zusammentreffen nach Möglichkeit zu vermeiden.

Alt und jung gesellt sich nicht gern

Wenn ich die Erlebnisse der Vergangenheit Revue passieren lasse, komme ich um eine Hochzeitsfeier nicht herum. Ich traf mich mit dem Bräutigam, Ende 60, in einer Pizzeria. Seine Frau war nicht dabei, er übernahm alle Absprachen aufgrund des Zeitmangels seiner Zukünftigen. Wir besprachen die Details der geplanten Party in einer kleinen, aber feinen Hochzeitslocation mit bereits vorhandener Veranstaltungstechnik. An ihrem großen Tag fuhr ich wie immer zum Ort des Geschehens und bemerkte bei den mir entgegenkommenden Gästen vor allem eines: Die auffällig große

Differenz des Alters von ganz alt bis ziemlich jung. Ich dachte mir aber nicht viel dabei, schließlich ist die Altersspanne bei Hochzeiten oft sehr groß, schloss mein DJ-Pult an die Anlage an und begann zu spielen. Da sich die Hochzeitsgesellschaft draußen aufhielt, ich keinerlei Sichtkontakt zu ihnen hatte und auch keine Monitorbox vorhanden war, legte ich „*ins Blaue hinein*" auf. Das hatte zur Folge, dass ständig Gäste reinkamen, welche meinten, die Musik wäre zu laut oder zu leise. Später erfuhr ich, dass dafür der Barkeeper verantwortlich war, der munter an den Lautstärkeknöpfen der Endstufe drehte, so wie es ihm gerade gefiel.

Ich war nach mehr als zwei Stunden schon leicht genervt von der Situation, als es hieß, draußen zöge sich der Himmel zu und alle würden langsam in den Innenbereich kommen, essen und dann tanzen. Einer nach dem anderen trudelten die Gäste ein und setzten sich an ihre Tische. Ich konnte mir nicht helfen, irgendwie lag ein Knistern in der Luft und die meisten Teilnehmer der Hochzeitsfeier machten unzufriedene und gelangweilte Gesichter. Aber das passiert sehr oft auf Hochzeiten, gerade wenn der Nachmittag nicht gut organisiert wurde und sich die Gesellschaft langweilt, während das Brautpaar beispielsweise Fotos macht. Als dann Manfred und Jennifer den Raum betraten, traf mich fast der Schlag.

Manfred, einen erfolgreichen Unternehmer, kannte ich bereits von unserem Vorgespräch, aber Jennifer sah nicht nur aus wie Anfang 20, sie war es auch. 22 Jahre jung, das blühende Leben und heiratete nun einen fast 70 Jahre alten Mann: Wo die Liebe eben hinfällt. Der Höhepunkt war aber der Kinderwagen, welchen sie mit sich schoben und der zeigte, wir haben Nachwuchs - sechs Monate alt war die Tochter der beiden. Stück für Stück setzten sich alle Puzzleteile zusammen, warum die Gäste ein Gesicht wie drei Tage Regenwetter machten. Die Eltern von Jennifer waren traurig, dass sie einen in ihren Augen so alten Mann geheiratet hatte, Manfreds Eltern – beide über 90 – dagegen unendlich glücklich darüber, dass ihr Sohn nun unter der Haube war. Auch der Freundeskreis des ungleichen Paares war dementsprechend, wie er unterschiedlicher nicht sein könnte. Während bei Jennifer junge Leute zwischen 18 und 25 richtig Bock auf Party hatten, wollten Manfreds Freunde einfach nur ihre Ruhe oder Vicky Leandros und Mary Roos hören. Hier wurde mir schnell klar, das Ding hast du verloren, in einer solchen Konstellation kann fast keine gute Stimmung entstehen. Ich sollte am Ende leider Recht behalten. Natürlich spielt das Alter zwischen zwei sich Liebenden genauso wenig eine Rolle wie die Hautfarbe, Herkunft oder das Geschlecht: Für eine rauschende Party sind die Voraussetzungen aber möglicherweise denkbar ungünstig, wenn man nicht ganz genau auf die Unterschiede achtet und dementsprechend im Vorfeld reagiert.

Spiele, wir brauchen mehr Spiele

Was passieren kann, wenn sich Freunde und Verwandte den Wünschen eines Brautpaares widersetzen, das zeigt die Geschichte von Daniela und Tim. Wie fast immer traf ich mich mit den beiden vor ihrer Hochzeitsfeier und wir sprachen über ihre Vorstellungen von Ablauf und Musik beim großen Fest. Dabei stellte sich heraus, dass sie, wie die meisten meiner Kunden, kein Fan von Hochzeitsspielen waren, sich keinerlei Moderation wünschten und einfach nur tanzen wollten auf einer schönen Party. Das klang erst einmal gut und sollte kein Problem darstellen. Auf meine Frage, ob die Trauzeugen, Verwandten und Freunde darüber informiert seien, antworten die Zwei nur zögerlich, sahen sich kurz in die Augen und meinten dann: *„Ja…klar".* Ich konnte die Unsicherheit regelrecht spüren und fragte sicherheitshalber noch einmal nach: *„Wirklich?"* Das darauffolgende: *„Wir können ja sicherheitshalber noch einmal Bescheid geben",* klang wie eine Rechtfertigung und ich hoffte, dass sie das wirklich tun würden.

Am Tag der Hochzeit fuhr ich vor das Restaurant, in welchem gefeiert werden sollte, wollte meine Technik ausladen und aufbauen, als mir zahlreiche junge Männer direkt zur Seite sprangen und bereitwillig halfen. Die Freude über die eintreffende Musik war so groß, dass das Auto mit einem Mal Ruckzuck leer war und ich entspannt aufbauen konnte – auch hier wurde mir von allen Seiten Hilfe angeboten. In dieser Form hatte ich das noch nie erlebt und dachte mir nur: *„Cool!".*

Während des Aufbaus bekam ich so langsam mit, wie der Freundeskreis von Daniela und Tim zusammengesetzt war: Daniela war Volleyballerin in einem Verein, Tim als Fußballer ebenfalls mit seiner ganzen Mannschaft anwesend. Aus meiner Erfahrung der vergangenen Jahre wusste ich, dass gerade Vereine feiern können, wie die Verrückten, besonders was das Trinken und Spielen anbetrifft. Aber wir hatten besprochen, dass so etwas auf dieser Hochzeit nicht stattfinden sollte. Doch es kam anders und begann bereits kurz nach den ersten von mir gespielten Titeln. Trauzeuge Justin gesellte sich zu mir, ließ sich das Mikrofon geben und startete eines der fiesesten Hochzeitsspiele, die man sich vorstellen kann: den *„Bräutigam füttern“*. Tim musste sich auf einen Stuhl setzen und seinen Kopf durch einen Schlitz in einem Bettlaken stecken. Auf dieses Stück Stoff war ein Babybody genäht, so dass es so aussah, als würde Tims Kopf zu einem Säugling gehören. Babymütze, Schnuller: Tim wurde liebevoll dekoriert und im Anschluss von Daniela mit verbundenen Augen blind gefüttert. Eine Riesensauerei mit Ketchup, Brei und mehr. Lustig war das nur für die Hochzeitsgesellschaft, das Brautpaar machte aber gute Miene zum für sie bösen Spiel. Auch als Tim die Zähne geputzt und die Haare gekämmt wurden, konnte man das blanke Entsetzen förmlich spüren. Daniela kam schließlich zu mir und meinte, das konnte sie nicht verhindern, sie hoffe aber, dass es das jetzt für sie gewesen sei, sie wolle doch nur tanzen.

Weit gefehlt, es folgte das allseits beliebte und auf fast keiner Hochzeit fehlende *„Er oder sie“* – Spiel, in welchem Übereinstimmungen zwischen dem Brautpaar erfragt wurden. Auch hier jagte eine Peinlichkeit die nächste, denn die Fragen lauteten nicht wie üblich: *„Wer fährt besser Auto?“* oder *„Wer schnarcht lauter?“*, nein, diesmal wurde gefragt: *„Wer kommt heftiger beim Sex?“* oder *„Wer ist beim Sex aktiver?“*. Begleitet von den johlenden Zwischenrufen seiner Freunde wie: *„Komm schon Tim, du olles triebgesteuertes Wildschwein“* dürften vor allem die vielen kleinen Kinder und Eltern des Brautpaars ihren Spaß gehabt haben. Daniela und Tim litten, das war ihnen deutlich anzusehen, aber mir waren die Hände gebunden. Erschwerend kam hinzu, dass bei diesem Spiel nicht nur zehn bis 15 Fragen gestellt wurden, sondern ganze 45. Der Horror schon für jedes Pärchen welches Spiele nicht mag, für die beiden aber die Maximalstrafe. Später ging es weiter mit dem Luftballontanz, zu welchem sich beide Taucherbrillen und Taucherflossen aufsetzen mussten, um dann auf der Tanzfläche Luftballons zum Platzen zu bringen, in denen Geld versteckt war. Ich konnte sehen, wie Daniela mit den Tränen kämpfte, denn zum Tanzen war sie bisher noch nicht gekommen. Zwischenzeitlich nahm ich Kontakt zu den Trauzeugen auf und meinte, dass es vielleicht genug sei, das Brautpaar wolle gar keine Spiele: *„Mach du dir darüber mal keine Gedanken, Musikmann, wir wissen schon was gut für unsere Freunde ist."* bekam ich als Antwort zu hören.

Schließlich kam es noch während des Essens zur vorläufigen Höchststrafe - der Entführung der Braut. Angelehnt an einen österreichischen Brauch tauchten einige nicht eingeladene Freunde und Bekannte auf, unterbrachen die Hochzeit und entführten Tims Ehegattin. Soweit weg, dass eine weinende und völlig aufgelöste Daniela ungefähr 90 Minuten später wieder auf der Feier eintraf. Sie kam mit verschmiertem Make-up zu mir und schluchzte nur: *„Können wir jetzt bitte, bitte tanzen? Ich will nicht mehr, ich habe so die Schnauze voll von dieser Hochzeit."*

Sie tat mir leid und natürlich konnte es endlich mit dem Hochzeitstanz losgehen, die Gäste saßen schon wie auf Kohlen. Ein Kreis um die Tanzfläche wurde gebildet, direkt nach dem Eröffnungstanz ging die Party richtig ab, aber dann folgte 20 Minuten später die nächste Unterbrechung: Wohlgemerkt als die Letzte des Abends angekündigt, es war bereits 22.30 Uhr. Die Strumpfbandversteigerung stand an und sollte von Onkel und Vater der Braut durchgeführt werden. Ich rechnete mit einer Viertelstunde, die es üblicherweise dauert, aber nein, erst 15 Minuten nach Mitternacht war der Spuk zu Ende. Man hatte sich hier für das Modell entschieden, dass der jeweils Nächstbietende nur die Differenz zum vorhergehenden Gebot in den Topf einzahlen musste. Verbunden mit Anekdoten aus dem Leben des Brautpaares wurde jetzt auch der letzte Gast zu Tode gelangweilt. Als endlich wieder meine Musik einsetzte, kam der Service zu mir und teilte mir mit, dass in zehn Minuten die Hochzeitstorte so weit sei. Und natürlich sei in einer halben Stunde Schluss mit der Feier, Sperrstunde von der Location aus. Das war hart und Daniela mittlerweile alles egal. Insgesamt wurde auf dieser Hochzeitsfeier geschätzt 80 % gespielt und 20 % getanzt – schlimmer konnte es nicht kommen.

Fleischverlust im Drogenrausch

Wenn man mich nach der verrücktesten Hochzeit in meiner Karriere fragt, dann hat die folgende Geschichte ein Anrecht auf die Spitzenposition. Die Vorzeichen ließen nicht im Geringsten erahnen, was auf dieser Feier passieren sollte: Ein völlig normales Brautpaar, nennen wir es Mirco und Karen, plante mit mir als DJ den schönsten Tag im Leben, und zwar in einem schicken Restaurant am Wasser.

Es war ein brütend heißer Sommertag und ich schwitzte bereits beim Tragen der Technik wie ein Irrer. Es ging mehrere Treppenstufen nach oben und einen Fahrstuhl gab es in der Location nicht. Die Hochzeitsgesellschaft zeigte sich wie so oft durchmischt mit jungen Leuten und ihren Kindern, aber auch älteren Gästen, vorwiegend der Verwandtschaft. Ich war bereits ab 16 Uhr gebucht und bekam deshalb mit, dass vor allem die Männer besonders viel, schnell und bevorzugt *„hartes Zeug"* wie Jägermeister, Whiskey oder Wodka tranken. Deshalb überraschte es mich nicht, dass die Stimmung zum Abendessen zwar lustig, aber je nach Gast eben auch schon etwas aggressiv war.

Vor dem Eröffnungstanz bat ein schon sichtlich angetrunkener Freund des Bräutigams, er war mit seiner Frau und zwei kleinen Kindern im Vorschulalter auf der Hochzeit, mit einem Augenzwinkern und merkwürdigen Gesten die anderen männlichen Gäste nach draußen. Instinktiv schaute ich der Gruppe von etwa 15 jungen Männern nach und sah, wie sich diese an einem Stehtisch unterhalb der Treppe versammelten. Der Gast holte neben zwei kleinen Päckchen auch eine Spritze, eine Kreditkarte und weiteres *„Kiffer-Besteck"* hervor. Es war noch hell vor der Location und ich traute meinen Augen nicht: Die werden jetzt nicht etwa knallharte Drogen nehmen? Ich legte einen etwas längeren Song aufs Deck und sah wie gebannt auf das Geschehen im Außenbereich des Restaurants. Tatsächlich, der eine zerhackte mit der Karte das Kokain, wie man es aus Filmen kennt, und schnupfte es im Anschluss, drei andere teilten sich genüsslich einen Joint, zwei weitere hatten die Arme abgebunden und setzten sich *„einen Druck"*, als sei es das normalste auf der Welt. Fairerweise muss man dazusagen, dass sich einige Männer der Situation bereits kopfschüttelnd entzogen hatten und wieder im Innenbereich bei ihren Partnerinnen waren, wo beispielsweise Phil Collins zu *„Another day in paradise"* schnulzte.

Von anderen Veranstaltungen war ich es gewohnt, dass einige Gäste gerne einen Joint rauchten, aber Kokain, Heroin, das hatte ich so noch nicht erlebt. Einige Zeit später kamen die Männer wieder herein und sie waren deutlich anders drauf als vorher, vor allem lauter und in ihren Bewegungen stark limitiert. Sie setzten sich und es folgte alsbald der Eröffnungstanz des Brautpaares zu dem Schlager *„Unser Tag"* von Helene Fischer. Während die Party an Fahrt aufnahm, sah ich die Drogenkonsumenten an ihren Tischen sitzen, teilweise vor sich hinstarrend, teilweise schon merklich aggressiv gegenüber ihren Partnerinnen und Kindern. Draußen wurde eine tolle Mittelalter-Comedy-Feuershow mit Schlangenbeschwörung aufgebaut, im Anschluss ging die Hochzeitsfeier mit viel Tanz weiter.

Ich dachte schon nicht mehr an die Drogen-Szene des Vorabends als ich im schummrigen Licht vom Fenster aus eine nahezu 1:1 Wiederholung der Situation Stunden zuvor wahrnahm. Ich sprach den Restaurantbetreiber und eine Kellnerin an, aber diese meinten nur: *„Ach lass die jungen Leute doch machen, die tun ja keinem weh. Hey, wird sind auf einer Hochzeit und da soll jeder seinen Spaß haben. Sei mal kein Spießer!"* Ein fataler Irrtum und totale Fehleinschätzung, wie sich bald darauf herausstellen sollte. Besonders ein Gast, Ingo, kam jetzt immer öfter zu mir und wünschte sich Musik von den Böhsen Onkelz. Mit den Werken dieser Band habe ich persönlich aber ein paar Probleme, vor allem, weil sie auch nicht wirklich partytauglich ist. Deshalb spiele ich maximal *„Auf gute Freunde"*, wenn das Brautpaar mich ganz lieb darum bittet, die Gesellschaft besonders nett ist und die Stimmung es weit nach Mitternacht zulässt. Hier wurde allerdings versucht, mich regelrecht dazu zu zwingen, ich musste mir Wörter wie *„Antifa-Affe"* oder *„Linke Zecke"* anhören, Beleidigungen, über die ich sonst eigentlich nur lachen kann – die sprichwörtlich an mir abprallen wie Wasser an der Schwanzfeder einer Ente. Ich konnte den immer aggressiver werdenden Ingo, welcher definitiv als *„stoned"* bezeichnet werden durfte, etwas besänftigen, indem ich ihm eine baldige Rockrunde mit Songs von Rammstein und Nirvana versprach. Als diese schließlich nach   einiger Zeit startete, waren lediglich Ingo und die anderen Drogen-Konsumenten auf der Tanzfläche. Zwischen die Erwachsenen gesellten sich auch zwei kleine Kinder.

Es wurde geschubst, es wurde gebrüllt, gepfiffen und dann passierte es. Einer der Männer schnappte sich eine leere, von der Kellnerin auf dem Tresen abgestellte Bierflasche und zerschlug dieser an einer Steinsäule auf der Tanzfläche. Unter lauten und freudigen *„Oh"* und *„Ah"*-Rufen wurde schließlich ein Kreis um die Scherben gebildet und diese regelrecht angebetet, als Ingo plötzlich die Scherben mit einem irren Blick aufhob und begann, sich damit im Gesicht zu ritzen. Ritzen ist vielleicht nicht das richtige Wort, er schnitt sich regelrecht das Fleisch aus der Wange und warf den vor Blut tropfenden Hautlappen auf die Tanzfläche, nur knapp an einem der Kinder vorbei. Diese schrien wie am

Spieß ob der unglaublich skurrilen Szene, aber auch einige Frauen weinten, jammerten und schlugen die Hände über dem Kopf zusammen. Derweil übergab sich einer der anderen Männer auf den Tresen des Restaurants, einige riefen verzweifelt „Polizei!" und „Krankenwagen!" Der sich selbsthäutende Ingo lief nunmehr zur Bestform auf und hatte sich bereits die zweite Wange und Stirn aufgeschlitzt sowie die Hautfetzen auf die Tanzfläche geschmissen. *„Käfer, überall Käfer, warum hilft mir denn keiner"*, kreischte er und machte sich an die Unterarme. Es war unglaublich viel Blut, welches er verlor und der gesamte Boden war mittlerweile damit besudelt. Einige Gäste und Mitarbeiter versuchten ihn in seinem Wahn zu stoppen, aber er schien nicht aufhören zu können. Ich hatte mittlerweile die Musik heruntergefahren, in dem furchtbaren Brei aus Schreien, Hilfe-Rufen und Heulen bekam sowieso niemand mehr etwas mit. Schließlich brach Ingo blutüberströmt zusammen und lag auf der Tanzfläche.

Wie lange die ganze Situation andauerte, kann ich gar nicht mehr genau sagen, auf jeden Fall kamen gefühlt rasend schnell der Rettungswagen, Notarzt, Feuerwehr und Polizei. Ingo wurde auf der Tanzfläche versorgt und im Anschluss abtransportiert. Die Hochzeitsfeier war natürlich beendet und die letzten vor Ort anwesenden Gäste verließen die Location. Aus den Befragungen der Polizei, welche auch mich vernahm, erfuhr ich später, dass der Name Crystal Meth als Droge gefallen sei. Was aus Ingo, seiner Frau und den Kindern geworden ist, konnte ich leider nicht mehr in Erfahrung bringen. Vom Brautpaar erhielt ich am Ende der Feier eine Entschuldigung für das Geschehene und dass ich alles mitansehen musste. Letzten Endes war es ihr großer Tag, der in einem solchen Chaos endete und ihnen auf ewig in einer gruseligen Art und Weise in Erinnerung bleiben wird.

Mein Tipp: Finger weg von harten Drogen jeder Art auf Veranstaltungen. Egal wie viel man selbst verträgt oder glaubt vertragen zu können.

Und täglich klingelt das Telefon

Keine Frage: Es gibt sie wirklich, die sogenannten *„Brautzillas"*, also Frauen, die sich vor der Hochzeit wie Godzilla aufführen. Sie verwandeln sich in ein furchtbares Monster und terrorisieren alle Menschen, welche die ganze Feier in Gefahr bringen oder in Frage stellen könnten. Meine

Geschichte mit Monique ist dagegen eher niedlich und keinesfalls schlimm.

Mit Monique und Roger verstand ich mich auf Anhieb und alle Details der Hochzeitsfeier waren schnell, schriftlich und bis aufs Letzte geklärt. Der große Tag konnte kommen, als es etwa anderthalb Wochen vor ihrem Termin geschah: Ein Anruf von Monique an einem Mittwoch um 20.30 Uhr unterbrach den Fernsehabend meiner Familie. *„Hi Oli, hier ist Monique. Ich wollte nur mal kurz nachfragen, ob du noch gesund bist und alles funktioniert nächste Woche?"* Ich antwortete wahrheitsgemäß mit einem *„Ja, na klar, der Termin steht und ich freue mich bereits auf eure Feier."* Damit war das kurze Telefonat beendet und ich schaute weiter fern. Am nächsten Abend klingelte wieder um genau 20.30 Uhr das Telefon. Monique war dran und stellte mir die Frage des Vorabends erneut. Meine Antwort war genau dieselbe, was sollte auch zwischenzeitlich groß passiert sein. Am Freitag wurde Monique dann kurzzeitig richtig nervös, denn sie erreichte nur meine Frau am Telefon – ich war auf einer Hochzeitsfeier unterwegs als DJ. Trotzdem erhielt ich im Anschluss noch eine persönliche Nachricht auf meinen AB und teilte ihr per WhatsApp mit, dass alles gut sei und sie sich keine Sorgen machen müsse.

Tja, was soll ich sagen, am Samstag dasselbe Spiel und Sonntagabend? Pünktlich um 20.30 Uhr spielten wir *„Und täglich grüßt das Murmeltier"*. Meine Frau nahm es gelassen und meinte nur noch lachend: *„Schatz deine Freundin ruft wieder an!"* So ging es auch am Montag und am Dienstag, am Mittwoch hatte ich mir dann etwas Spezielles für Monique ausgedacht: *„Sorry im Moment geht's mir nicht wirklich gut, ich hatte den ganzen Tag Durchfall und mir ist Hundeelend. Ich wünsche mir, dass es wieder besser wird bis Samstag, habe aber wenig Hoffnung!"* Ich weiß, einen Nervenzusammenbruch kann man am Telefon nicht hören, aber ich bin mir sicher, Monique hatte in diesem Moment einen oder stand zumindest unmittelbar davor. Ich hörte fast die Tränen in ihre Augen strömen, man konnte die Panik förmlich durch den Hörer greifen. *„Monique? Alles gut, war nur Spaß – natürlich geht es mir gut, ich bin kerngesund und praktisch startklar für euch."* Das tiefe Seufzen, die Erleichterung und das Abfallen einer zentnerschweren Last von den Schultern waren ihr deutlich anzumerken. *„Du Arsch!"* rief sie scherzhaft und freute sich, dass der Party nichts mehr im Wege zu stehen schien. Den Donnerstag und Freitag habe ich nichts mehr von ihr gehört und das Klingeln des Festnetztelefons schon fast vermisst. Am Samstag feierten wir dann ausgelassen eine wundervolle Hochzeit in einem Haus am See.

Dich will ich nicht, Du bist zu billig

Verhandlungen über den Preis gehören in der Branche dazu. Eigentlich. Ich bin kein Freund davon und lasse mich erst gar nicht darauf ein. In meiner Angebotsbroschüre sind die Kosten für eine Veranstaltung schließlich klar und deutlich aufgeführt. Bis ich meinen Preis gefunden habe, hat es viele Jahre gedauert – *„Try & Error"*, also versuchen und dabei Fehler machen, war stets die Devise und hat mich viele graue Haare gekostet. Und zu einigen interessanten Erlebnissen geführt.

Über eine Eventagentur wurde ich für ein weltweit agierendes Unternehmen zur Präsentation eines neuen Produktes auf der Insel Sylt angefragt. *„Ein Traum"* dachte ich bei mir und erstellte ein professionelles Angebot für diese Veranstaltung. Selbstverständlich etwas teurer als üblich, denn nach Sylt muss man mit dem Autozug übersetzen, dort übernachten und die Anreise von Potsdam aus beträgt fast sieben Stunden. Ich entschied für für einen Preis von 2.600 € inkl. MwSt. für den geplanten Rahmen von vier Stunden. Ich dachte mir, das bucht sowieso niemand, einen Versuch ist es aber wert. Wenige Wochen später erhielt ich einen Anruf von einer Mitarbeiterin der Agentur. *„Es tut mir sehr leid, aber das Unternehmen hat sich schweren Herzens für eine Alternative entschieden."* Ich war nicht enttäuscht, denn damit hatte ich ohnehin gerechnet. *„Kein Problem, ich war wohl einfach zu teuer",* entgegnete ich der jungen Dame. *„Herr Plattig, nein, genau das Gegenteil war der Fall."* Ich verstand nicht. *„Von allen Mitbewerbern fand der Kunde Ihren Auftritt mit Abstand am professionellsten, sympathischsten und war beeindruckt. Allein der Preis war am Ende entscheidend. Sehen Sie, der Kunde hat für die Präsentation ein Budget von 1,5 Millionen Euro zur Verfügung. Unter uns – und eigentlich darf ich ihnen das gar nicht sagen – er hat sich jetzt für einen ihrer Kollegen entschieden, welcher 12.000 Euro brutto für den Job genommen hat."* Ich traute meinen Ohren nicht: *„Bitte? Ich mach es dem Kunden auch für 20 oder 30.000 Euro!"* entfuhr es mir. *„Diesmal leider nicht. Aber als guten Tipp geben wir Ihnen mit auf den Weg: Gerade im Business-Bereich nicht zu tief stapeln, das verbaut einem so manche Chance."* An dieser Geschichte hatte ich eine Weile zu knabbern. Erinnerte sie mich doch an ein

Erlebnis, welches ich am Anfang meiner Selbstständigkeit hatte.

Ein Brautpaar aus der Region rief bei mir an und ließ sich ein Angebot erstellen. Damals war ich sehr günstig, aber auch kein *„billiger Jakob"*. Es passte menschlich zwischen uns, aber am Ende wurde mir per Telefon abgesagt. Mit den Worten *„Weißt du, Oli, wir zahlen so viel Geld für unsere Hochzeit, da möchten wir nichts dem Zufall überlassen. Wenn du so wenig Gage verlangst, dann kannst du einfach nicht gut sein. Würdest du was taugen, dann hättest du vermutlich höhere Preise. Das ist nichts gegen dich persönlich, aber wir vertrauen da eher anderen Kollegen."* Ja, so ist das eben manchmal: Mal verliert man und mal gewinnen die anderen. Diese Erlebnisse haben mich wachsen lassen und mir gezeigt, wie schwierig die Preisfindung wirklich ist. Heute weiß ich: zu hoch pokern ist auch in der Businessclass nicht immer das Erfolgversprechendste. Mehrmals habe ich in den vergangenen Jahren Aufträge allein deswegen verloren: Die gesunde Mitte, ein Angebot mit Augenmaß, das ist es, worauf es am Ende ankommt. Oft bekomme ich von Brautpaaren und Kunden im Allgemeinen zu hören: *„Du bist nicht der Teuerste, du bist auch nicht der Billigste – aber von allen in der Mitte bist du uns am sympathischsten!"* Und ich finde das ist doch ein tolles Kompliment, was mich zugegeben ein wenig stolz macht.

Meine Angebotspreise sind transparent und schlüssig nachvollziehbar, denn sie enthalten alle Kosten und sind fair kalkuliert. Ich halte nichts davon, Kunden nur nach der Nennung des Wortes *„Hochzeit"* mehrere hundert Euro Aufpreis zu berechnen. Eine Hochzeitsfeier kostet bei mir genauso viel wie ein Geburtstag, eine Einschulung oder die Bar-Mizwa des Hauskaters.

Was passieren kann, wenn man nicht schnell genug ist, zeigt folgende Geschichte: Ich arbeitete viele Jahre neben meinem Job als DJ in einem Supermarkt. Knapp 12 Stunden pro Woche in der Obst- und Gemüseabteilung, schweres Heben und Rückenschmerzen inklusive. Die Arbeitszeit lag meistens zwischen fünf bis acht Uhr, also ganz entspannt, vor allem auch für einen Nachtmenschen wie mich. Eines Tages wurde ich vom Chef gebeten, eine halbe Stunde länger als gewöhnlich zu arbeiten – 8:30 Uhr war das angesagte Ende der Schicht und ich fuhr nach Hause. Im Büro angekommen sah ich um 9:10 Uhr einen Anruf auf dem Anrufbeantworter. Als ich diesen abhörte, erfuhr ich dass man mich für eine große Tanzveranstaltung an der Ostsee in einem Edelhotel buchen wollte. Ich möge bitte schnellstmöglich zurückrufen. Ich tat dies nur fünf Minuten später: *„Es tut uns sehr leid, aber der Auftrag ist bereits vergeben, da wir Sie nicht erreichen konnten. Vielleicht klappt es beim nächsten Mal."* Ich war traurig, geschockt, verärgert. Eine Dreiviertelstunde und der Auftrag war weg? Aber ja, so kann es gehen und spätestens nach dieser Erfahrung war ich mir sicher: Den Nebenjob, welchen ich ohnehin wirtschaftlich gesehen nicht mehr brauchte, werde ich kündigen. Dies tat ich zum 31. Dezember 2019 – keine zwei Monate war die Welt nicht mehr dieselbe. Corona, Lockdown, Scherbenhaufen: Mit der Arbeit hätte ich die Zeit etwas ruhiger überbrücken können. Im Jahr 2021, als die Veranstaltungswirtschaft weiterhin am Boden lag, saß ich dann drei Monate im örtlichen Supermarkt an der Kasse.

Mitleidige, aber auch hämische Blicke von den Einwohnern unserer Gemeinde gab es gratis dazu. Aber ich habe die schwere Zeit dank des Rückhalts in der Familie und von Freunden gut überstanden.

Ich habe kein Geld

Man sagt immer, dass beim Geld die Freundschaft aufhört. Da ist auf jeden Fall etwas dran und auch als DJ habe ich in den vergangenen Jahren einige Erlebnisse rund um das Bezahlungsmittel erlebt.

Ich war zur Hochzeit von Mandy und Stefan gebucht, die in einem Restaurant mit etwa 50 Gästen feierten. Es war eine meiner ersten Partys im Jahr 2011, das Brautpaar hatte mich bei meinem DJ-Debüt in der Silvesternacht 2010/2011 in Michendorf live erlebt und umgehend verpflichtet. Die Hochzeit war richtig gut und alle hatten viel Spaß, das Restaurant allerdings nicht besonders groß und mein Stellplatz in unmittelbarer Nähe zu den einzelnen Tischen. Ich vernahm während des Essens, als die sogenannte *„Löffelmusik"* lief, dass das Stefan und Mandy am nächsten Morgen um neun Uhr in den Flieger nach Jamaika steigen wollten, um die Hochzeitsreise anzutreten. Alle freuten sich mit ihnen und waren unendlich neidisch. Die Feier neigte sich dem Ende, denn um zwei Uhr musste von der Location aus Schluss sein: Es existierten zahlreiche Nachbarn, mit denen es in der Vergangenheit schon Ärger wegen zu lauter Musik gab. Die Gäste halfen dem Brautpaar also beim Verladen der zahlreichen Geschenke ins Fahrzeug und ich baute wie immer meine Technik ab: Die Braut kam auf mich zu, drückte mich und sagte, wir werden dann jetzt die Abrechnung machen. Sie kramte in ihrer Handtasche und holte ihr Portemonnaie heraus: *„Hoppla, jetzt habe ich wohl das Geld zuhause liegen lassen."* Ich sagte, dass das natürlich nicht so schön sei, aber ich könne hinter dem Shuttle-Service mitfahren, es wären doch nur drei Kilometer. *„Naja, ich weiß nicht, ich glaube das liegt irgendwo, wo ich es so schnell nicht mehr finde. Ich würde das dann besser morgen Mittag mit Stefan vorbeibringen."*

Das war mein Stichwort, denn ich erinnerte mich an die anstehende Flugreise und die Fahrt zum Flughafen um 6 Uhr. *„Nichts da, ich möchte jetzt bitte mein Geld für diese Hochzeitsfeier. Nebenan steht ein Geldautomat, dann müsst ihr das eben dort holen und den Rest wieder einzahlen."* Die Braut wurde ungehalten, der Bräutigam und die anderen Gäste hatten die Situation mitbekommen. Von Freundlichkeit keine Spur mehr, die Ansprache wechselte von *„Du"* auf *„Sie"* und ich durfte mir nun anhören, was für ein *„beschissenes kapitalistisches Arschloch"* ich doch sei. Mir war das vollkommen egal. Es stellte sich heraus, dass niemand eine EC-Karte vor Ort hatte. Es folgte ein verbaler Schlagabtausch, ich hatte das Handy bereits in der Hand und drohte mit dem Rufen der Polizei, als man sich entschloss, die Geschenke wieder reinzuholen und zu plündern. Es war eine sehr unangenehme Situation für alle Beteiligten, das möchte ich nie wieder erleben müssen. Mir wurde das Geld regelrecht vor die Füße geschmissen und man verschwand wortlos.

Der Wirt schaute mich böse an und erteilte mir, der am wenigsten dafürkonnte praktisch ein Hausverbot für seinen

Laden. *„Echt jetzt? Ich glaube es ist besser, wenn du in Zukunft nicht mehr herkommst. Mandy ist eine richtig gute Freundin von mir und du hast den beiden ihren schönsten Tag im Leben versaut. Soetwas vergesse ich nicht.“* Auf meinen Einwand, vorhin sei es noch eine der geilsten Partys der letzten Jahre gewesen, das Brautpaar habe mich gedrückt und in den Himmel gelobt, andere Gäste wollten mich für ihre Feiern buchen, er selbst, der Betreiber mich in seine Bankettmappe aufnehmen, reagierte er nicht mehr und schob mich unsanft aus dem Restaurant. So kann es gehen und deshalb mein Tipp: man sollte sich rechtzeitig und nüchtern um die Bezahlung der Dienstleister am Tag einer Veranstaltung oder schon ein wenig vorher kümmern. Gerade in einem feucht-fröhlichen Zustand tief in der Nacht denken viele nicht mehr an finanzielle Verpflichtungen. Sich dann einer möglichen Konfrontation stellen zu müssen, führt auf beiden Seiten zu Frust und Verärgerung nach einer eigentlich schönen und unvergesslichen Party.

Mehrstunden, also jene Stunden, die über den vereinbarten Zeitraum hinausgehen, zahlen viele Brautpaare entspannt per Sofortüberweisung noch am DJ-Pult in der Nacht mit dem Smartphone. Das können manchmal auch Trauzeugen oder die Eltern sein, welche eine Verlängerungsstunde *„springen“* lassen. Mittlerweile bin ich, was Geld angeht, wesentlich entspannter. Es gibt die Möglichkeit Verlängerungsstunden im Nachhinein auf Rechnung zu bezahlen Probleme mit der Zahlungsmoral meiner Kunden habe ich so gut wie nie.

Was kann beim Thema Geld noch so schiefgehen? Einen kleinen Schockmoment und einige unruhige Tage hatte ich nach einer Hochzeitsfeier in Braunschweig, als ich die Gage versuchte am Automaten einzuzahlen. Nachdem die ersten hundert Euro Scheine problemlos eingezogen wurden, wollten weitere drei einfach nicht angenommen werden. Ich habe sie geglättet und immer wieder eingelegt, als sie auf einmal weg waren und die Meldung erschien, dass es sich möglicherweise um Falschgeld handele und die Prüfung bis zu sechs Wochen dauern könne. Ich ging am Montag zum Schalter und wollte mich beruhigen lassen. Das sei eine Routine-Maßnahme bei Scheinen, die nicht eindeutig erkannt werden können, in der Regel brauche ich keine Angst zu haben, das würden schon richtige Banknoten gewesen sein. Das Geld wurde mir aber gutgeschrieben und ich konnte es verwenden. Die nächsten Wochen habe ich trotzdem immer etwas unruhig auf mein Konto und den Briefkasten geschaut, aber zum Glück passierte nichts.

Geld für das Spielen von bestimmten Titeln habe ich auch schon bekommen. So kam die Großmutter der Braut auf mich zu und steckte mir als Dankeschön für den Schlagersong *„Wie ein Stern"* von Frank Schöbel einen 20 Euro Schein zu. Ganze 100 Euro in bar erhielt ich von einem sehr betrunkenen Gast, welcher mich auf einem Dorffest bat, noch eine Stunde weiterzuspielen. Fünf Minuten später wurde er von seiner Freundin aus der Festscheune geholt und es ging nach Hause, der Wirt bat mich auszumachen und abzubauen - ein ganz guter Stundenlohn um 5 Uhr morgens.

Wer bezahlt den DJ

Unvergessen bleibt die multikulturelle Hochzeitsfeier mit 75 Gästen aus elf Nationen in einem noblen Hotel. Ein unglaublich prunkvoller Feiersaal, prachtvolle Tischdeko und Platz ohne Ende - alles wahnsinnig stilvoll und einer Hochzeit mehr als würdig. Die Feier selbst war für mich als DJ gar nicht so einfach zu spielen, denn den Musikgeschmack von jung und alt zu treffen ist das eine, dann aber auch Italiener, Mexikaner, Kubaner, Kanadier oder Russen gleichermaßen zufrieden zustellen das andere. Es gelang mir richtig gut und die Party ging bis in die frühen Morgenstunden. Zum damaligen Zeitpunkt erhielt ich mein Geld oft direkt am Ende der jeweiligen Veranstaltung, die Brautpaare bekamen eine Quittung über den bezahlten Betrag. An diesem Abend löste sich die Feier jedoch schnell auf, Braut und Bräutigam bedankten und verabschiedeten sich zügig bei mir. Na gut, dachte ich mir, vielleicht kommt ja ein Trauzeuge vorbei und dann wird abgerechnet. Aber mir wurde blitzschnell klar, die haben dich jetzt einfach mal vergessen.

Ich unterbrach also den üblichen Abbau meiner Veranstaltungstechnik und ging schnellen Schrittes in die Hotellobby. Vom Brautpaar war weit und breit nichts mehr zu sehen. In meinem Kopf begann es zu rattern: Was machst du denn jetzt? Rechnung am nächsten Tag schreiben? Und wenn sie sagen, sie haben schon bezahlt? Ich hatte eine solche Situation bis zu diesem Zeitpunkt noch nie und war leicht überfordert. Ich schnappte mir den Veranstaltungsleiter, der bis zum Ende anwesend war und mit den Servicekräften nun abbaute, ob er etwas wisse, ob ihm das Brautpaar irgendetwas zur Bezahlung des DJs gesagt hätte und ob die Feier schon bezahlt wäre.

Er meinte, über mich wäre nicht gesprochen worden, aber er erinnere sich, dass es mit der Anzahlung ein paar Probleme gegeben habe, genaueres wisse aber der Chef. Der war nicht mehr da, also war guter Rat teuer. Ich baute erst einmal weiter ab und hoffte insgeheim noch auf eine Wiederkehr des Bräutigams mit meinem Geld. Nach einer Viertelstunde vergeblichen Wartens und merkwürdigen Blicken des Service, warum der DJ denn nicht nach Hause fährt, ging ich zur Rezeption des Hotels und fragte nach der Zimmernummer des Brautpaars. Diese wollte man mir nicht geben, auch nach der Schilderung des Sachverhaltes zeigte man sich wenig kooperativ. Es war mittlerweile 4.30 Uhr morgens und ich wurde leicht gereizt: *„Sie teilen mir jetzt bitte sofort die Zimmernummer des Brautpaares mit oder ich rufe die Polizei."* Lautete meine deutliche Forderung. Trotz der späten Stunde war das Hotel offenbar um seinen guten Ruf besorgt und so ging der Hotelier mit mir in das dritte Stockwerk und klopfte mehrmals laut an die Tür. Wir vernahmen eindeutige Geräusche und uns war sofort klar, hier stören wir beim Vollzug der Ehe, sprich: Der Hochzeitsnacht.

Uns beiden war das sehr unangenehm, aber ich bestand auf den Erhalt meines Geldes. Auf den Vorschlag, der Hotelier würde die Gage morgen früh vor Abreise einkassieren und ich könne sie mir dann abholen, ließ ich mich nicht ein. Permanent weiteres Klopfen mit unseren vier Fäusten, mehrmaliges Klingeln lassen des Zimmertelefons förderten schließlich zehn Minuten und etliche Freudenschreie später einen verschwitzten aber sichtlich genervten Bräutigam mit Handtuch um die Hüfte an die Tür.

„*Was ist denn hier los?*", fuhr er uns direkt an und erkannte mich dann gleich: „*Oli, Mensch Scheiße, warte, dein Geld liegt noch auf meinem Nachttisch.*" Er lief zurück, wobei ihm das Handtuch herunterfiel und er kam wieder mit der gesamten Gage inklusive eines üppigen Trinkgeldes und einer Entschuldigung. Ich schnappte mir das Geld, murmelte etwas von „*ist schon ok*" und ging los. „*Machs gut, Oli. War eine geile Party!*" Als ich im Fahrstuhl stand und auf die sich schließenden Türen wartete, sah ich ihn noch immer nackt an der Zimmertür stehen und mir freudig zuwinken: „*Geil, war richtig geil!*" Ich fuhr nach Hause und änderte am nächsten Tag direkt meine Geschäftsbedingungen – der Beginn der Zahlung auf Rechnung vorab in meinem Unternehmen war geboren.

Mit Krebs ist nicht gut feiern

Im Sommer sollte in einem großen Golfklub eine Hochzeitsfeier stattfinden - alles war vertraglich fixiert, die Details besprochen und das Datum der Hochzeit bereits in zwei Tagen, als an dem Donnerstagabend bei mir das Telefon klingelte. *„Herr Plattig? Ja, hier ist Wolfgang, der Bräutigam für die Hochzeit am Samstag. Ich muss ihnen leider mitteilen, dass die Feier ausfällt, da meine Frau Krebs bekommen hat und ganz spontan operiert werden muss. Ja, so ist das leider. Tut mir sehr leid. Tschüss!"* Ich hatte nicht einmal die Chance, eine Rückfrage zu stellen, ja geschweige irgendetwas zu sagen. Ich schaute meine Frau irritiert an, schüttelte mich ob der erhaltenen Informationen und versuchte zurückzurufen, es ging aber niemand mehr ans Telefon.

Irgendwie hatte ich ein komisches Gefühl und deshalb beschloss ich, am nächsten Morgen bei der Location nachzufragen, ob sie ebenfalls ein merkwürdiges Telefonat mit dem Brautpaar geführt hätten. Gegen Mittag erreichte ich den Veranstaltungsleiter des Klubs und dieser meinte, nein, ihm wäre nichts dergleichen bekannt, im Gegenteil, das Brautpaar sei vor anderthalb Stunden fröhlich und glücklich bei ihm gewesen und hätte noch die letzten eigens mitgebrachten Dekomaterialien für die Tische abgegeben sowie, was vorab durchaus unüblich ist, bereits die komplette Restsumme der Feier bezahlt. Ich war schockiert und angefressen. Das hatte ich in den bisherigen zwei Jahren meiner Selbstständigkeit noch nicht erlebt.

Zum damaligen Zeitpunkt war ich Kleinunternehmer, war hauptberuflich Student und das Geld eher als Zubrot gedacht, aber so ging es nicht. Unzählige Versuche, das Brautpaar an diesem Tag zu erreichen und um eine Stellungnahme zu bitten, selbst mit unterdrückter Rufnummer, schlugen fehl. Weil ich nun aber an diesem Samstag keinen Termin mehr hatte, zog ich mich am späten Nachmittag vernünftig an, verabschiedete mich von meiner Frau, setzte mich ins Auto und fuhr zu dem etwa eine Stunde entfernten Vereinshaus des Golplatzes. Die vielen schicken und teuren Fahrzeuge auf dem Parkplatz waren mir erst einmal egal, vor einer solchen Location ist nicht unüblich. Ich ging also zur Rezeption und fragte nach der Hochzeitsfeier von Wolfgang und Ines. Mir wurde sofort der Weg gezeigt und wenige Augenblicke später stand ich im Raum der Feierlichkeiten, welchen ich aufgrund des laut wummernden Basses ohne Schwierigkeiten selbst gefunden hätte. Das Brautpaar war nicht anwesend, es befand sich mit dem Fotografen gerade beim Fotoshooting an irgendeinem Loch des Platzes. Ehrlich gesagt weiß ich auch gar nicht wie meine Reaktion ausgefallen wäre, wenn wir uns plötzlich gegenübergestanden hätten.

Ich ließ meine Blicke durch den Saal schweifen und entdeckte einen höchstens 14-jährigen Jungen, der an einem aufgebauten PC und einer höchstens DIN A4 großen Hercules DJ-Konsole herumhantierte. Die links und rechts stehenden Lautsprecherboxen waren völlig heruntergekommen, das Schutzgitter verbogen und der Klang unfassbar schlecht. Ich schaute in die genervten und verständnislosen Gesichter vieler Gäste, aber niemand traute sich den Mund aufzumachen. Insgesamt sechs Subwoofer waren auf beiden Seiten aufeinandergestapelt, es sah aus wie auf einem schlechten Dorffest. Ich hatte genug gesehen und stapfte wütend zum Parkplatz, fuhr nach Hause und berichtete meiner Frau von dem Gesehenen.

Wir waren uns einig, dass das Pärchen damit nicht durchkommen durfte und ich mir notfalls einen Rechtsbeistand nehmen sollte. Am Montag schrieb ich den beiden eine Mail und einen Brief samt Rechnung für die abgesagte Veranstaltung: Ich verlangte nahezu die komplette Gage als Schadensersatz (95 %), insgesamt fast 700 €. Wie erwartet erhielt ich auf meine Schreiben keinerlei Reaktion und informierte mich im Internet über das weitere Vorgehen. Ich schaltete ein seriöses Inkassounternehmen ein, welches sich von nun an um meine Belange in dieser Angelegenheit kümmern sollte. Dies war für mich sehr lukrativ, denn für 25 € übernahm die Firma die komplette weitere Abwicklung und zahlte mir aufgrund des vorliegenden Vertrages die gesamte Summe auf mein Konto aus (Factoring).

Zwischenzeitlich erhielt ich ein böses Schreiben des Brautpaares, besser gesagt von ihrem Anwalt, welches ich aber direkt weitergeleitet habe und mich nicht interessierte. Durch die Endabrechnung ein halbes Jahr später habe ich erfahren, dass Ines und Wolfgang am Ende mit allen Mahngebühren und Zinsen fast 1.100 € bezahlt haben – ein ganz schön teurer Hochzeits DJ, wo man doch eigentlich in letzter Minute mit dem Nachbarsjungen Geld sparen wollte.

Mit dem Inkassobüro arbeite ich bis heute zusammen, obwohl ich glücklicherweise eine sehr gute Zahlungsmoral meiner Kunden vorweisen kann. Wenn ich in einem Jahr zwei Zahlungserinnerungen oder Mahnungen verschicken muss, dann ist das schon sehr viel. Selbst große Unternehmen bezahlen bei mir ihre Rechnungen entweder vorab oder auch ohne Skonto innerhalb weniger Tage nach der durchgeführten Veranstaltung. Ich handhabe meine Rechnungslegung wie folgt: zwei Wochen vor der Hochzeit oder dem Event erhält der Kunde eine Rechnung, selbstverständlich immer mit ausgewiesener und aktuell gültiger Mehrwertsteuer. Diese kann er bis zum Tag der Veranstaltung (Zahlungseingang) per Überweisung oder in bar begleichen. Zusätzliche Mehrstunden, beispielsweise wenn die Feier über den vereinbarten Zeitraum verlängert wird, werden nach der Party in Rechnung gestellt und können innerhalb von 21 Tagen bezahlt werden. Das hat den Grund, dass gerade viele Brautpaare direkt nach der Hochzeitsfeier in die Flitterwochen fliegen und sie sich in diesen nicht mit Überweisungen herumschlagen sollen. In Firmen dagegen sind die Buchungsläufe weitaus komplizierter und gehen durch mehrere Abteilungen, weshalb ich die 30 Tage Frist durchaus als angemessen sehe. Mit diesem Vorgehen bin ich wie bereits beschrieben sehr gut gefahren und hoffe, dass dies auch in Zukunft so sein wird. Am Ende ist es doch so: Man kann über alles sprechen und sogar einer Ratenzahlung würde ich, wenn die Umstände es erfordern, zustimmen. Verrückt war, als mir einmal ein Brautpaar die komplette Summe für die Hochzeitsfeier fast 18 Monate im Voraus bezahlt hat – sie wollten den Posten nach eigener Aussage *„vom Tisch haben."*

Livestream aus dem Krankenhaus

Wie man es ohne Absage anders machen kann, zeigt die Geschichte vom Handwerker Erwin, welcher einen Tag vor seiner Feier zum 50. Geburtstag wegen einer Blinddarm-OP ins Krankenhaus musste. Eigentlich wäre die Stornierung der Veranstaltung in der kleinen Stadt absolut verständlich und für alle nachvollziehbar gewesen, aber das Geburtstagskind war eine *„Rheinische Frohnatur"* und darüber hinaus ein totaler Partygänger. Neben alten und neuen Schlagern sollte vor allem Ballermann-Musik laufen, es wurde eine regelrechte Schlagerparty gewünscht. Kein Problem für mich und deshalb hatte ich den Auftrag im Januar sehr gerne angenommen. Nun hieß es improvisieren, weil das Geburtstagskind und damit der Grund für die Feier fehlte. Also wurde von den Kindern und Freunden eine große Leinwand mit einer Bildschirmdiagonale von drei Metern organisiert, Skype auf dem Laptop installiert und dann ordentlich getestet.

Die Gäste trafen ein und nach der Begrüßungsrede durch die Ehefrau von Erwin wurde direkt ins Krankenhaus auf das Zimmer geschaltet. Ein großes *„Hallo"* ging durch das Restaurant und der Gastgeber konnte an der Feier teilhaben. Da er Privatpatient war, hatte er auch ein Einzelzimmer und konnte somit niemanden stören. Als dann die Party zu Songs wie *„Eine neue Liebe ist wie ein neues Leben"* oder *„Tanze Samba mit mir"* startete, tanzten alle Gäste vor der Leinwand und prosteten mit ihrem Bier, Wein oder Gin dem Kranken zu, welcher seinerseits nur Kamillentee zu bieten hatte. Es war auf jeden Fall eine sehr interessante

Erfahrung, eine Livestream-Party ins Krankenhaus zu übertragen und hat richtig Spaß gemacht. Damals sollte noch niemand ahnen, dass Streaming-Partys via Twitch & Co. zu Corona-Zeiten groß in Mode kommen würden.

Ich bin kein Fan davon, zu Hause aus meinem Büro einen Livestream in die Welt zu senden: Das handwerkliche Talent, Songs perfekt ineinander zu mixen, haben die meisten DJs. Mir fehlt die Interaktion mit den Menschen auf der Tanzfläche, das Gespür für die richtigen Songs zur richtigen Zeit. Das kann bei einer Internetübertragung nicht funktionieren und würde praktisch lediglich dem Abspielen von Musik gleichzusetzen sein. Ein Daumen nach oben ersetzt eben keine feiernden Partygäste. Ich freue mich selbstverständlich für die vielen Kollegen, welche sich täglich, wöchentlich oder monatlich auf den unterschiedlichsten Plattformen versucht und sich eine eigene Basis an Zuschauern und möglichen zukünftigen Kunden aufgebaut haben.

Qualm, Qualm, Baby

Was ich richtig doll mag, sind Veranstaltungen in Kneipen *Ironie aus*. Wenn eine Anfrage für solche Locations kommt, dann schrillen bei mir alle Alarmglocken und ich habe wirklich schon einmal überlegt, mir spezielle für diese Läden ein eigenes Technik-Veranstaltungspaket zuzulegen.

Ich war gebucht zu einer Oldie-Nacht in einer von außen merkwürdig anmutenden Gaststätte. Ich lud meine Technik aus und trug sie hinein: Mit einem freundlichen *„Faß hier* *jarnüscht an du Typ"* begrüßte mich der Chef und wies mir schließlich einen Platz zu, der gefühlt nicht mehr als einen Meter breit war. Erinnerungen wurden wach an ein großes Firmenevent, bei welchem ich unter einer Wendeltreppe auflegen durfte. Ich stand für acht Stunden so gedrängt, dass ich aufgrund der eingenommenen Körperhaltung am Montag danach erst einmal eine Physiotherapie-Einheit benötigte. Ebendiese Firma war es auch, die mich Jahre später für ein weiteres Event in Mitteldeutschland buchte. Ein Tisch war nicht vorhanden, also stellte man mir ein waschechtes Bügelbrett zur Verfügung. Ich brauche glaube nicht zu erwähnen, dass ich selten mehr Angst um meine Technik hatte wie an diesem Abend.

Aber zurück in die Kneipe. Es stank bereits nach Zigaretten und Alkohol, es war widerlich. Um 19 Uhr begann ich mit dem Spielen der Musik. Die ersten Oldies schepperten aus den Boxen und dann trafen sich unsere Blicke: Jener der *„zahnlosen Erna"* und meiner. Ich erschrak. Erna lachte mich an und gab den Blick frei auf ihre Gebissruine. Viele Bernsteinfarbene und schwarze Beißer schauten mich an – so etwas kannte ich bisher nur aus den einschlägigen Sozialreportagen bei den privatrechtlichen Fernsehsendern. Sie kam in ihrer zerrissenen und mehr als schmutzigen Jogginghose zu mir herüber und meinte: *„Na du Süßer, spiel mal was vom Boss!"* Ich verstand, sie wollte also Bruce Springsteen hören. *„Welchen Titel hättest du denn gerne?"* fragte ich höflich, was mir nicht besonders leichtfiel, denn ihr modriger, alkoholgeschwängerter Atem wehte mir permanent ins Gesicht. *„Nee, nicht von dem Vogel – ick meine doch den Wolle, den Petry. Spiel mal ‚Weiß der Geier' und sowas. Soll dein Schaden auch nicht sein."* Ich hatte Angst. War das eine Anmache? Sie begab sich weg und tanzte später zu Schlager und Rock. Ich habe sie glücklicherweise am DJ-Pult nicht mehr gesehen, wohl aber Zungenküssend mit anderen zahnlosen und wenig gepflegten Gästen – dem Hauptklientel dieser Oldienacht.

Der Gestank der Raucher war unerträglich, ich selbst bin überzeugter Nichtraucher. Am Ende des Abends verstaute ich meine Technik im Auto und fuhr nach Hause. Am nächsten Morgen war nichts mehr, wie es war: als ich zu meinem Fahrzeug ging und die Laptop-Tasche herausholen wollte, hätte ich mich fast übergeben. Es stank dermaßen nach Qualm, das kann man sich nicht vorstellen. Und abends hatte ich eine stilvolle Hochzeitsfeier in einem Wellnesshotel vor mir. Ich lüftete das Wageninnere, stellte die Technik raus, aber es half nichts: Fast zwei Wochen benötigte ich, um den Gestank wegzubekommen, sowohl von den Boxen & Co. als auch aus meinem Auto. Derartige Situationen erlebte ich in all den Jahren zwei bis drei Mal, das ist wirklich nicht schön.

Beispielsweise erst vor Kurzem auf einem bekannten Schloss mit einem schicken großen Kamin auf der Weihnachtsfeier. „Bitte legen sie nur wenig Holz nach und auch nicht permanent!" lautete die eindeutige Aufforderung der Veranstaltungsleiterin. Man kann sich vorstellen, dass nach einigen Bieren, Schnäpsen und Longdrinks nicht viel davon hängen blieb – also schmiss Mitarbeiter Helmut alles rein, was er finden konnte. Der Abzug des Kamins schaffte dieses Pensum nicht und der Saal war ein einziges Nebelmeer. Kopfschmerzen, Augenbrennen, wochenlang stinkendes

Equipment – all das gab es an diesem Abend für mich inklusive.

Bloß nicht den Kopf verlieren

Traurige Begebenheiten rund um das Thema Hochzeitsfeiern habe ich ebenfalls bereits erleben müssen und das ist niemals leicht, gehört aber leider zum Leben dazu. Ich erinnere mich an die Hochzeit von Manuela und Dennis, welche auf einem wunderschönen Schloss den schönsten Tag ihres Lebens planten. Zehn Tage vor der großen Feier rief mich Manuela an und erzählte mir unter Tränen, dass ihr Vater vor drei Tagen bei einem schlimmen Verkehrsunfall tödlich verunglückt sei. Neben meinen Beileidsbekundungen und meinem tiefen Mitgefühl, rechnete ich nun mit der Stornierung oder wenigstens der Verschiebung der Feier, was menschlich nachvollziehbar gewesen wäre. Doch die beiden wollten gerne feiern, weil die Hochzeitslocation zum Ersten einer Stornierung nur unter einer Zahlung von 8.000 € zugestimmt hätte – der Termin lag in der absoluten Hauptsaison, Hochsommer – und zum Zweiten, das Leben schließlich weitergehen müsse. Manuela informierte mich also, dass alles wie geplant stattfände, lediglich der *Vater-Tochter-Tanz* eben nicht. Ich nahm alle Informationen zur Kenntnis, war aber etwas skeptisch, wie sich unter diesen Umständen eine ausgelassene Party realisieren ließe. Mit meiner Skepsis sollte ich leider recht behalten.

An dem Samstag der Hochzeit baute ich meine Veranstaltungstechnik auf und hatte im Anschluss noch einen guten Zeitpuffer vor dem Eintreffen der Gäste im großen Saal des

Schlosses. Ich ging also um die wunderschön dekorierten Tische und entdeckte auf einem Stuhl samt Husse eine Pappfigur mit ausgedrucktem und aufgeklebtem Gesicht: Es war der Vater der Braut, welchen man auf diese Art und Weise an der Feier teilhaben lassen wollte. Eine schöne Idee, da musste sogar ich vor Rührung schlucken. Leider ging die Feier dann in die falsche Richtung, was sich bereits bei der Rede der Brautmutter abzeichnete. Diese versuchte einen Spagat zwischen Humor und Trauer, was sichtlich misslang und bei den Gästen für ein peinliches Fremdschämen sorgte. Ich möchte dies auch gar nicht ver- oder beurteilen- niemandem wünscht man, überhaupt jemals in so eine Situation zu geraten.

Pappe-Harald, der verstorbene Vater, wurde im Laufe des Abends an verschiedene Tische gesetzt, um den Gästen nah zu sein. Für viele war das zu viel und es gab jede Menge Tränen. Als Harald dann zu später Stunde mit seiner mittlerweile etwas betrunkenen Tochter tanzte, sich zunächst der Unterleib ob der vielen Transporte zwischen den Tischen ablöste und wenige Augenblicke später auch noch der Kopf auf der Tanzfläche landete, war es auch mit Manuela vorbei. Sie verschwand schreiend und weinend gegen Mitternacht, dies läutete dann den Aufbruch der anderen Gäste und das Ende der Feier ein.

Viele Brautpaare fragen mich nach diesem Erlebnis, wie es mit meinen Stornierungsbedingungen aussieht. Ich sage dann immer, dass es ein Storno bei mir gar nicht gibt, denn ich verwende den Begriff Mindestentgelt und bewege mich damit rechtlich auf einer sicheren Seite. Neben meinen klar strukturierten und überall einsehbaren Allgemeinen Geschäftsbedingungen (AGB) verweise ich immer auf die Menschlichkeit und Empathie, welche mir selbstverständlich nicht fremd ist. Das bedeutet, dass in solchen Angelegenheiten, in denen wichtige Angehörige wie Eltern, Großeltern oder Geschwister versterben bzw. schwer erkranken, natürlich kein Mindestentgelt für die Absage oder Verschiebung einer Veranstaltung anfällt. Dies war bisher nur ein einziges Mal der Fall, als der Bräutigam von Rosi eine Woche vor der Hochzeitsfeier mit seinem Motorrad tödlich verunglückte. Die kurzfristige Idee, aufgrund der hohen Stornokosten bei Location, Fotograf und Konditorin, aus der Hochzeitsfeier eine Beerdigungs-/Abschieds-Party („Leichenschmaus") zu machen, konnte ich der Gesellschaft Gott-sei-Dank ausreden. Aber natürlich muss auch ich mich schützen und absichern. Normalerweise reicht eine kurze Recherche in der Online- oder Print-Presse, um die schlimmen Bilder der Unfälle zu sehen und gar nicht erst weiter nachzufragen.

…und dann stehst du im Dunkeln

Ich erinnere mich an die Hochzeitsfeier von Vera und Stan. Ich war im Norden der Republik unterwegs, in einer Location, die klein, aber trotzdem sehr edel war. Gelegen in einem Industriegebiet, im ersten Stock einer ehemaligen Lagerhalle und nun als Loft für Veranstaltungen zu mieten, sollte dort die große Party mit 80 Gästen stattfinden. Der Inhaber berichtete mir stolz, dass er erst wenige Tage zuvor die Renovierungsarbeiten beendet habe und was jetzt alles installiert wurde: *„Einfach nur geil"*, *„alles selbst gemacht"* sei das. Die Veranstaltungstechnik musste ich von ihm nutzen, es war die reinste Katastrophe. Ein billiger Mixer, welcher lediglich einen einfachen Klinken-Eingang besaß, so etwas hatte ich vorher noch nicht erlebt. Die Boxen waren, sowohl was Form als auch Klang anbetraf, im eher günstigen Hobbybereich angesiedelt. Aber Profi wie ich bin, habe ich meinen DJ-Controller angestöpselt und brav mit der Begleitmusik zum Essen losgelegt. Die Feier selbst lief ohne größere Probleme, die Low Budget-Geräte leisteten, wozu sie im Stande waren, nicht mehr und nicht weniger.

Direkt hinter mir lief der Barbetrieb und die beiden Service-kräfte der Location hatten abwechselnd mit dem Bedienen und Abwaschen der Gläser zu tun. Es muss so kurz vor

Mitternacht gewesen sein, mehr als der halbe Saal tanzte und feierte zu den Atzen *„Das geht ab"*, als auf einmal alles dunkel wurde und der Strom in der gesamten Location weg war. Mein erster Gedanke war: *„Oh Gott, mein Controller"*, denn wenn hochwertige Technik etwas nicht mag, dann sind es schnelle und abrupte Abschaltungen, also die Trennung von der Elektrizität. Die Menge auf der Tanzfläche war wenig begeistert und hatte gleich mich im Verdacht: Das ist immer am einfachsten, man vermutet einfach, der DJ hätte irgendwas Falsches gedrückt. Dem war aber selbstverständlich nicht so und Gott-sei-Dank handelte es sich um eine lustige Truppe, welche sich mit Party-Liedern die dunkle Zeit vertrieb. Wenige Minuten später war der Strom wieder da und der Betreiber der Location teilte mir mit, dass die Sicherung rausgeflogen sei, im Bereich meines Stellplatzes oder an der Bar. Meine Konsole startete zügig neu und ich setzte die Party fort. Die Menge ging gleich richtig mit und es war, als hätte es nie eine Unterbrechung gegeben.

Doch leider, leider folgte eine erneute Pause wenige Minuten später. Nicht nur ich, sondern auch das Publikum wurde jetzt etwas unzufriedener. Ich konnte mir nicht vorstellen, dass mein DJ-Setup schuld war, zudem war der Controller neu. Nach dem wiederholten Einschalten der Sicherung und dem Einsetzen der Musik, ging ich kurz zum Inhaber und meinte, dass ich bei noch einer Unterbrechung überlegen würde abzubrechen, zum Schutz meiner Technik. Er sagte, er könne das verstehen, aber er hätte das bisher nicht erlebt, vielleicht sei ja was mit meinem Laptop oder so. Ich war sauer, habe aber gute Miene zum bösen Spiel gemacht. Am Ende ging es um den schönsten Tag im Leben von Vera und Stan. Während ich spielte, beschlich mich permanent ein schlechtes Gefühl: Irgendetwas stimmte hier ganz und gar nicht. Ich schaute mich um und sah den Kellnern beim Abwasch der Gläser zu, während die Gesellschaft feierte. Als die weibliche Servicekraft schließlich den Unterschrank der Spüle öffnete, konnte ich es nicht glauben. Unmittelbar am Siphon war die Steckdose verbaut, von welcher auch mein Verlängerungskabel abging. Und man konnte es sofort sehen - da war alles nass und tropfte. Ich wollte noch *„Finger weg!"* oder ähnliches rufen, aber es war schon zu spät. Durch das Herausnehmen eines Handtuches hatte die Kellnerin diverse Steckdosenleisten berührt und es kam zum erneuten Kurzschluss. Die Gäste waren wütend, doch ich konnte endlich erklären, wo das Problem lag. Gemeinsam mit dem Inhaber wurde ein neuer Stromkreis benutzt und das Konstrukt der Marke Eigenbau abgeschaltet. Der handwerklich wenig begabte Locationinhaber hatte also in vielerlei Hinsicht gepfuscht: Am Ende der Feier sprach ich noch lange mit ihm und er versprach, er würde sich darum kümmern und einen Profi renovieren lassen.

Keine zwei Jahre später war ich wieder in dem Loft. Bevor ich aufbaute, sah ich unter die Spüle: Nichts, aber auch gar nichts hatte sich geändert, ein Handtuch war um den Siphon gewickelt, das wars. Ich holte eine Kabeltrommel und wählte eine weit entfernte Steckdose für Controller, Laptop und die vorhandene Billig-Technik. Eine weise Entscheidung, denn während des Abends fielen mehrfach der Strom und die Sicherung aus, die Fotobox war nach gefühlt zehn Neustarts defekt und unbrauchbar. Liest man heute die Rezensionen im Internet, dann frage ich mich, warum das

Haus noch nicht insolvent ist. Ich persönlich zucke bei jeder Buchungsanfrage von Brautpaaren für diese Location zusammen und spreche ehrlich mit ihnen darüber.

Mein erster Shitstorm in den sozialen Medien

Während meiner Zeit als Hochzeits- und Event DJ habe ich vieles richtig gemacht und arbeite hart, dass ich dies auch weiterhin tun werde. Zu behaupten, alles wäre perfekt verlaufen und ich hätte alle Fehler vermieden, dagegen eine Lüge.

Unvergessen bleibt mein allererster Shitstorm, den mir meine damaligen Twitter-Tätigkeiten einbrachten. Es war ein Tag, an dem nicht alles so verlief, wie es sollte. Schon beim Beladen meines Fahrzeugs hatte ich Probleme, über die Kinder hatte ich mich geärgert – ja, auch das kommt, wie in jeder anderen Familie vor – und überhaupt war es ein komischer Samstag. Dennoch heißt es professionell zu sein, aufbauen, abliefern und dem Brautpaar einen unvergesslichen Abend, ja eine wundervolle Partynacht zu bescheren. Mit Nora und Marc hatte ich mich zuvor getroffen, alles war besprochen und die Hochzeitsfeier konnte wie geplant stattfinden. Doch so richtig kam die Party nicht in Schwung und weil ich erst wenige Wochen vorher mit dem *„twittern“* angefangen hatte, dachte ich mir, es wäre eine gute Idee, von dieser Feier meine Live-Eindrücke in 160 Zeichen zu versenden. Ich zwitscherte also einen Tweet nach dem nächsten, völlig harmlos am Anfang: *„Aktuell findet der Brautstraußwurf statt. Blumen haben sich im Kronleuchter verfangen. Neuer Versuch“* lauteten einige der nichtssagenden Texte. Als die Party nicht so richtig in Schwung kommen wollte, die Braut sich allerdings komplett gehen ließ und kaum noch stehen konnte, verleitete mich dies ob meiner Langeweile zu einem Tweet à la *„Die Braut ist dicht wie eine Natter. Die kriegt gar nichts mehr mit. Junge Junge, was für eine Schnapseule."* Die Feier nahm an Fahrt auf, es wurde noch eine lustige Partynacht und ich lag erst am frühen Morgen in meinem Bett.

Als ich aufwachte und Facebook checkte, traute ich meinen Augen nicht – auf meiner Fanseite hagelte es 1-Sterne-Bewertungen: *„Unprofessionell, so jemand dürfte nie wieder für Kunden arbeiten"*, *„So ein Asi, so über seine Kunden zu reden"* oder *„Man sollte ihm den Gewerbeschein wegnehmen"* waren die harmlosesten Kommentare, welche ich zu lesen bekam. Ich war mit einem Schlag hellwach, rief aufgeregt nach meiner Frau, welche aber selbst völlig ratlos war. Ich lokalisierte das Problem sehr schnell in einem mehr als 5.000 Mitglieder umfassenden Facebook DJ-Forum, in welchem auch Kunden mitlesen konnten. Ein ehemaliger, mir nicht wohlgesonnener DJ-Kollege hatte meinen Tweet gefunden und höflich in die Runde gefragt, ob es normal sei, wenn DJs so über ihre Kunden schreiben. Selbstverständlich wurden ein Screenshot der Nachricht und ein Link zu meiner Fanseite mitgesendet. Eine mehr als 100 Kommentare umfassende Diskussion wurde gestartet. Diskussion? Nun das trifft es bei weitem nicht: ein Vernichtungsfeldzug wurde eingeleitet und meine mediale Hinrichtung öffentlich gefordert. Das Schlimmste daran aber war: Ich konnte nichts dagegen tun. Fast nichts. Ich schrieb sofort den Inhaber des Forums an, einen namhaften Verband, schilderte das Problem und bat um Abhilfe. Ich versuchte mich zu rechtfertigen und behauptete zu Unrecht, dass eine Praktikantin für diesen Fehler zuständig gewesen sei. Sie hätte das Twittern für mich übernommen. Man lachte über meine Notlüge, aber als Verbandsmitglied wollte man mir aber auch helfen. Der Thread wurde umgehend mit einer Verwarnung in Richtung des Kollegen als *„unkollegial"* beendet, aber auch ich wurde ermahnt, in Zukunft solche *„Dummheiten"* bitte zu unterlassen. Die Anzeige der negativen Bewertungen bei Facebook konnte ich ohne Rechtsanwalt löschen lassen, sodass hier kein weitergehender Schaden entstand.

Allerdings hat mich dieser Vorfall gefühlt ein paar Jahre meines Lebens gekostet, ich dachte, dass ich nach dieser Geschichte mein eigenes Geschäft, meine Existenz ruiniert hätte. Heute weiß ich: lieber einmal mehr nachdenken als gleich zu handeln, am besten eine Nacht darüber schlafen. Und man muss nicht alles, worüber man sich ärgert oder was einem im Kopf herumspukt, veröffentlichen. Außerdem steht es jedem Brautpaar, Kunden, jedem Gast egal auf welcher Veranstaltung frei, zu feiern und viel zu trinken, wie er möchte. Am Ende war die Geschichte schnell in

Vergessenheit geraten, aber mir hatte es definitiv gereicht und ich habe gelernt, wie flott man heutzutage Opfer eines Shitstorms werden kann. Übrigens: Der Kollege, welcher mir damals übel mitspielen und meine Karriere beenden wollte, zeichnet sich heute verantwortlich für kleine Dorffestivals mit 80er Jahre Musik und versucht sein Glück wenig erfolgreich als seriöser Hochzeits DJ.

Wie gehe ich nun aber mit negativen Bewertungen um? Natürlich ist niemand vor Neid- oder Rachebewertungen sicher. Gerade in der DJ-Branche ist sich leider jeder selbst der Nächste: Viele gönnen dem Kollegen nicht den Dreck unter den Fingernägeln. Was ich nicht verstehe, denn es gibt mehr als genug Arbeit für professionelle Dienstleister.

Schlechte Bewertungen sind maximal ärgerlich, denn diese bekommt man einzig mit teurer Rechtsanwaltshilfe aus dem Internet gelöscht, aber auch nur, wenn es sich um einen einzelnen Stern oder die Note 1,0 handelt. Bei einer leicht besseren Beurteilung sind einem die Hände gebunden, die entsprechenden User wissen dies sehr genau. Natürlich ärgere ich mich über solche Kommentare, auf der anderen Seite ist es aber wichtig, seriös darauf zu reagieren. Krisenmanagement ist angesagt, sich selbst mögliche Fehler einzugestehen und gegebenenfalls darauf aufmerksam machen, dass man den angeblichen Kunden gar nicht kennt, welcher einen hier bloßstellen möchte. Im Übrigen haben negative Bewertungen einen positiven Effekt: 5,0 Sterne-Bewertungen oder ausschließlich maximal höchste Punktzahlen wirken selten objektiv, sondern eher gekauft.

Pack schlägt sich, Pack verträgt sich

Wohl niemals vergessen werde ich die Hochzeitsfeier von Gisela und Justin in einer deutschen Landeshauptstadt. Bereits die Anfrage war, sagen wir, *„interessant"* geschrieben. Neben vielen zu verzeihenden Tippfehlern wurde mir mitgeteilt, dass man *„Hochzeit feiern tun wolle, wo da das Bürgerhaus ist"*. Ich kannte die Stadt ein wenig – und ich kannte auch das besagte Bürgerhaus. Ich war skeptisch, aber natürlich soll jeder Kunde die Chance haben, eine tolle Veranstaltung mit mir zu erleben, ganz egal an welchem Ort: Ob Wanne-Eickel, Duisburg-Marxloh, Lindau am Bodensee oder auf der Insel Norderney, da mache ich keine Unterschiede. Hier kam hinzu, dass es sich um einen Tag mitten in der Woche handelte, und das sind für einen Wochenend-Dienstleister wie mich die besten Termine, da sie zusätzliche Einnahmen generieren.

Also schrieb ich mein Angebot an die beiden und war überrascht, dass ich noch am selben Tag ein *„Ja!"* erhielt, man mich also buchen wollte. Die Frage im Nachsatz der vor Fehler wieder nur so strotzenden *„Wir möchten Dich gerne buchen"*-Mail machte mich allerdings erneut hellhörig: *„Wie funktioniert das genau mit der Bezahlung? Wir müssen die Rechnung unserem Betreuer vorlegen, der holt dann das Geld ab und dann geht das."* Betreuer? In meinem Kopf ratterte es: handelte es sich hier um Behinderte? Alkoholiker? Flüchtlinge? Verurteilte auf Bewährung? Bitte nicht falsch verstehen, ich habe keine Vorurteile gegen diese Gruppen, aber da macht man sich so seine Gedanken. Gerade wenn es eben um die spätere Bezahlung geht. Ich teilte Ihnen mit, das wäre überhaupt kein Problem und wir würden das hinbekommen. Eine ordentliche Rechnung ist für mich ohnehin eine Selbstverständlichkeit, denn bei mir läuft alles so wie es soll über das Finanzamt und ich zahle brav meine Steuern. Schließlich vereinbarten wir einen Kennenlerntermin und ich fuhr am besagten Tag zum zukünftigen Brautpaar.

Nach einer anstrengenden Parkplatzsuche im Wohngebiet, in einem sozialen Brennpunkt dieser Stadt, kam mir der Bräutigam aufgeregt entgegen und begrüßte mich. Ein unangenehmer Geruch wehte mir entgegen, was an den vielen fehlenden und schwarzen Zähnen liegen musste. Wir gingen in die kleine 3-Raum-Wohnung und ich sah: Gisela. Ich möchte mich keinesfalls lustig machen über schwergewichtige Menschen, gerade auch wenn man nicht weiß, ob dies einer vielleicht schlimmen Krankheit wie Adipositas geschuldet ist. Aber Gisela war wirklich nicht zu übersehen – in meinen fast vierzig Jahren auf dieser Welt hatte ich etwas Vergleichbares noch nicht in Natur erlebt. Die Wohnung war schmuddelig ohne Ende, ein richtiger Messi-Haushalt. Ich machte eine gute Miene und spulte professionell mein Vorgesprächs-Programm ab: Es stellte sich heraus, dass Justin ein Alkoholproblem hatte und nunmehr in Betreuung war. Wir verabschiedeten uns und ich hatte schon Bammel vor dem Tag der Hochzeitsfeier.

Ich sollte schließlich Recht behalten, wieder einmal. Am großen Tag fuhr ich zum Bürgerhaus, lud aus und baute die Veranstaltungstechnik auf. Die Hochzeitsgesellschaft war bereits vor Ort, alle waren nett zu mir und es gab keine Schwierigkeiten. Als das Brautpaar eintraf, wurde die

Hochzeitstorte angeschnitten: Hier kam es zu ersten Konflikten, weil *„das Eileen nicht neben die Kerstin stehen wollte".* Heinz fand es doof, dass er neben Dieter stand, und so wurden erste Risse in den Familienbanden deutlich sichtbar. Nach dem Kaffee wurden Fotos geschossen und der Umgangston deutlich rauher. *„Gibt's auch noch was Richtiges zu fressen außer dem süßen Jelumpe?", „Hol mir mal was Nasses zum Saufen, ich kann den Scheiß hier sonst nicht ertragen",* in dieser Art. Man merkte deutlich, dass Alkoholprobleme in dieser etwas bildungsfernen Familie an der Tagesordnung waren.

Das Abendessen begann und es war ein einziges Grunzen und Schmatzen im Saal zu vernehmen. Es war wie ein Unfall: Ich musste einfach hinschauen und hatte dabei den Mund im wahrsten Sinne des Wortes offen. *„Was glotzt du denn so? Mach den Kopp zu"* wurde mir beim Gang zum Buffet vom Brautvater zugerufen. Essensmanieren habe ich nicht zu beurteilen. Als der Eröffnungstanz vorbei war (übrigens zum ehemaligen Big Brother-Teilnehmer Christian *„Es ist geil ein Arschloch zu sein")* begann die Party. Es gab Alkohol- technisch gesehen kein Halten mehr: Es wurde getrunken, was die Kästen hergaben, die Flaschen leerten sich in einem Tempo, das war sagenhaft. Und auch die Stimmung kippte ins Bodenlose: Die ersten Schubsereien, das Androhen von Prügel untereinander, immerhin ich wurde in Ruhe gelassen. Doch dann passierte es: Onkel Heiner schubste Brautvater Gunnar in eine Glasscheibe, welche mit ohrenbetäubendem Lärm zerbarst. Zum Glück gab es bis auf ein paar Schnitt- wunden an der Handfläche keine schweren Verletzungen, man versorgte Gunnar und schaute sich das Malheur an. Gi- sela begann zu schreien und zu heulen, was man denn jetzt machen solle, die 250 Euro Kaution wären jetzt weg (und die waren für die Hochzeitsreise in den Tierpark). Sie warf sich auf den Boden mit den Scherben, wälzte sich bockig hin und her, quiekte fast schon, sprang auf und rief: *„Heiner!"* Die Hand zur Faust geballt und auf Heiner zustürmend, konnte sie nur mit Müh und Not von ihrer Schwester aufgehalten werden. Ja, das ging, weil Jaqueline aussah wie ihr Zwilling. Am Ende beruhigte sich die Situation in den nächsten Minuten wieder, aber es gab ständig Scharmützel unter den Gästen. Die Fäuste flogen mehrmals, aber niemals so heftig, dass es völlig zu eskalieren drohte. Ich spielte Musik, hin und wieder wurde getanzt, um halb eins sollte endlich Schluss sein.

Und dann geschah etwas, dass ich so niemals erwartet hätte: nach meiner Verabschiedung klatschten alle verbliebenen Hochzeitsgäste und gingen sofort zum Saubermachen über. Einträchtig wie die ganzen 10 Stunden vorher nicht, scherzten und unterhielten sie sich, arbeiteten Hand in Hand und in einer Geschwindigkeit, die fast unwirklich schien. Noch bevor ich meine Veranstaltungstechnik im Auto verstaut hatte, war das komplette Bürgerhaus sauber, die Gäste saßen an zusammengeschobenen Tischen und ich wurde mit einem üppigen Trinkgeld verabschiedet. Sachen gibts.

Die Kunst, ein Ende zu finden

Ich liebe Rügen. Wann immer ich eine Buchung auf dieser schönen Insel bekomme, setze ich mich fröhlich ins Fahrzeug und freue mich auf eine großartige Feier. Manchmal nehme ich die Familie mit und wir machen uns direkt im

Anschluss ein paar freie Tage, wenn es der Terminkalender erlaubt. Zur Hochzeit von Viktor und Swetlana musste ich allerdings allein fahren, denn diese fand an einem Donnerstag statt und meine Söhne mussten in die Schule. Es wurde eine wunderschöne Feier auf einer Seebrücke, mit direktem Blick auf den Abendhimmel über der Ostsee, später einem Feuerwerk am Strand und ganz viel Alkohol. Hier feierten vor allem russische Gäste und ich hätte niemals geglaubt, dass man eine 0,75 Liter Flasche Jägermeister für 85 Euro (!) so schnell leeren könnte. Den Umsatz der Location hätte ich gerne gesehen, das muss der Wahnsinn gewesen sein. Dennoch blieb alles friedlich und auch die zahlreichen russischen Lieder, welche mir vorab übermittelt worden waren und die ich spielen sollte, bereiteten mir kein Kopfzerbrechen.

Was diese Hochzeitsfeier unter anderem so besonders machte, war ihre Dauer. Ich war von 18-24 Uhr gebucht, als das erste Mal bis um eins verlängert wurde. Es folgte eine Verlängerung auf 2, 3, 4 Uhr und über der Ostsee ging bereits die Sonne wieder auf: Nach dem traumhaften Sonnenuntergang durfte ich nun also auch den Sonnenaufgang dort erleben, wunderschön. Um 5 Uhr war schließlich Feierabend und um 5.45 Uhr konnte ich die Seebrücke verlassen. Ganze fünf Verlängerungsstunden zu einem Preis von 120,00 Euro: zur Belohnung für diese unglaubliche Streckung habe ich mir die ohnehin geplante Apple Watch im Apple Store am Kurfürstendamm in Berlin gekauft, welchen ich über einen kurzen Umweg auf meiner mehr als vierstündigen Heimfahrt ansteuerte. Eine so lange Hochzeitsfeier habe ich in all den Jahren selten erleben dürfen.

In einem kleinen Dorf begleitete ich in meinen Anfangsjahren die Hochzeitsfeier von Thorsten und Ulrike. Die beiden feierten ausgelassen bis in die frühen Morgenstunden, genauer gesagt bis 5.50 Uhr: um 6.30 Uhr war ich dann endlich auf dem Heimweg. Vorher sprach ich abschließend mit dem Wirt, welcher zu mir meinte: *„War ja eine ganz schön beschissene Hochzeit, oder?"* Ich schaute ihn verwundert an. *„Warum denn das? Die haben doch bis zum Ende durchgehend getanzt und Party gemacht!"* Er runzelte die Stirn und sagte zu mir: *„Hör mal, eine Hochzeit, die um 5.50 Uhr endet, das ist doch Kacke. Wir feiern hier meistens bis 8, 9 Uhr, erst vor drei Wochen waren die letzten Gäste um 11 Uhr raus!"* Ich konnte das gar nicht glauben und erzählte ihm von meinen Erfahrungen, nämlich, dass 90 % aller Hochzeitsfeiern irgendwo zwischen 1.30 Uhr und 2.30 Uhr nachts enden. *„Junge, deine Musik war cool und ja, die hatten alle Spaß, aber wenn du auf meine Liste der DJs willst, dann musst du das nächste Mal mindestens bis 7 Uhr spielen, sonst geht da gar nichts."* Ich bedankte mich höflich für die nette Betreuung, machte aber auch deutlich, dass ich mir eine weitere Zusammenarbeit mit diesem Restaurant nicht wünschte. Ich liebe nach einer Nacht voller Musik mein Bett, meine Familie und Freunde wiederzusehen: Bis vormittags um 11 Uhr auf Hochzeiten aufzulegen, wenn es am späten Nachmittag bereits zur nächsten geht – keine Chance. Ich weiß bis heute nicht den Grund für diesen Wunsch nach langandauernden Partys, vermute aber ganz stark den wirtschaftlichen Aspekt, also Getränkeumsatz.

Genau diese Wirtschaftlichkeit ist es aber auch, welche mich vor ein paar Jahren zu einer Änderung meiner Allgemeinen Geschäftsbedingungen brachte. Manchmal fragen mich

Brautpaare nach einer Open End Pauschale für ihre Hochzeit, aber eine solche biete ich seit langem aus gutem Grund nicht mehr an. Auf der Hochzeit von Frank und Christina wurde gut gefeiert, bis schließlich um 1.45 Uhr fast alle Gäste den Saal verlassen hatten: Bis auf Frank, seinen Trauzeugen und einen weiteren Freund. Alle drei saßen nun an einem Tisch und waren sturzbetrunken. Aber nicht so sehr, um sich nicht ständig abwechselnd bei mir weitere Songs zu wünschen. Ich war gelangweilt, denn natürlich tanzte keiner der jungen Männer, der Wirt hatte noch zwei Servicekräfte vor Ort, die bereits aufräumten und meinte zu mir, ich solle die Musik endlich ausmachen. Aber das verneinte ich, denn schließlich war ich Open End gebucht. Er wurde ungehaltener und verlangte, dass ich einfach mal aus machen solle und schauen, was passiert. Gesagt, getan. Der Bräutigam stand auf, legte den Arm um mich – was ich überhaupt nicht leiden kann – und brüllte: *„Verdammte Scheiße, ich habe dich gebucht bis zum Ende, du spielst jetzt bis zum Ende. Basta.“* Der Wirt hatte dies mitbekommen und so setzte sich das *Trauerspiel* fort. Ich spielte bis 3.55 Uhr einzelne Musikwünsche der Männer, welche maximal ein Bier pro Stunde beim Service bestellten, zwischendurch die Skatkarten rausholten oder auch mal mit dem Kopf auf dem Tisch schliefen.

Seit diesem Tag gilt bei mir: Ich biete Brautpaaren eine Endzeit zwischen 2 und 3 Uhr an. Ich schalte die Musik danach nicht einfach aus, eine Verlängerung ist jederzeit möglich – und zwar so lange, wie die Hochzeitsgesellschaft dies möchte, selbstverständlich gegen Bezahlung, und zwar bei einer fairen Abrechnung im viertelstündlichen Takt (also je angefangene 15 Minuten).

Wie es laufen kann, wenn man sich mit seiner Party verkalkuliert, zeigt mein Erlebnis mit Ruud und Sabine aus den Niederlanden. Beide feierten in einem großen Hotel in Berlin und hatten mich bis Mitternacht gebucht, dann sollte unbedingt und absolutes Ende sein, keine Ausnahme. Ich wies die beiden darauf hin, dass meiner Erfahrung nach Partys mit holländischen Gästen meist länger gehen würden und ich das für sehr gewagt hielte. Sie würden ihre Gäste schon kennen, da werde nicht viel getanzt, mehr geredet, alles gut. Am Ende waren von den 80 Besuchern um Mitternacht auf der Hochzeit noch 75 anwesend, denn ich hatte es geschafft die Party-Meute mit deutschen, englischen und niederländischen Songs nahezu pausenlos auf der Tanzfläche zu halten.

Es war zehn Minuten vor Mitternacht, als das Brautpaar bei mir vorstellig wurde: *„Was machen wir denn jetzt? Ist doch bescheuert, wenn wir jetzt abbrechen müssen."* Ich reagierte mit Schulterzucken und meinte, dann machen wir eben weiter und sie bezahlen mir einfach die Verlängerungsstunden. Das würde nicht ins Budget passen, das käme überhaupt nicht in Frage. Ruud gäbe mir jetzt noch einen Zwanziger und dann könnte ich bis 1 Uhr spielen. Ich war irritiert und sagte, dafür spiele ich leider nicht mal 15 Minuten, die Extra-Stunde kostete damals 120 Euro. Obwohl ich vorher alles besprochen hatte, wurde Ruud sauer und meinte, das wäre Abzocke und was daran so teuer wäre. Es sei schließlich *„nur Musik"*, ein Schimpanse können meine Knöpfchen drücken: Aber sei es drum, er bat mich bis 0.15 Uhr ruhige Rausschmeißer-Musik zu spielen, damit sich die Gästeschar schnell lichten würde. Das hatte leider nicht funktioniert, aber weder Sabine noch ihr Neu-Ehemann Ruud wollten weitere Verlängerungen bezahlen. Einige Gäste taten sich zusammen und waren bereit mir Geld zu geben, wurden aber vom Bräutigam rigoros zurückgewiesen. *„So weit kommt es noch, machen wir eben Radio an"* rief er in den Saal. Alle sahen mir nun beim Abbauen zu, während man feststellte, dass die Anlage der Location nicht funktionierte und man blechernen Handyklang als weitere Partybeschallung nutzen musste. 75 Gäste waren traurig, weil sie nicht weiterfeiern konnten und hatten mich als Sündenbock ausgemacht. *„Geldgieriger Möchtegern-Künstler"*, *„Kapitalist"* oder *„Für sowas auch noch Geld kassieren"*, all das und vieles mehr durfte ich mir anhören. Obwohl ich ihnen einen höchstwahrscheinlich unvergesslichen Abend beschert hatte, war das am Ende alles nichts wert. Ich verschwand in die Nacht und bekam Tage später trotz allem eine vorzügliche Bewertung auf einem Portal im Internet.

Weit weniger schön ist es, wenn das Brautpaar länger feiern möchte, es aber durch die Hochzeitslocation eingebremst wird. Noch unangenehmer wird es nur, wenn man es ihnen vorab anders kommuniziert. So geschehen auf einer Feier von Werner und Doris, die im Süden Deutschlands geheiratet haben und mich als Ihren DJ aussuchten. Es war eine coole Party, die um 2 Uhr noch nicht ihr Ende gefunden hatte. Der normale Gang ist in einem solchen Fall mit der Veranstaltungsleitung der Location zu sprechen und dann im Anschluss mit dem DJ zu verlängern, so geschah es auch diesmal. Von 3-4 Uhr noch einmal dasselbe, aber bei der nächsten Verlängerung passierte etwas für mich Unfassbares. Während das Brautpaar vom Chefkellner das *„OK"* für eine weitere Stunde bekam und ich bezahlt wurde, kam eben dieser Kellner zu mir und meinte: *„So, ich habe jetzt genug von dem Gezappel da auf der Tanze, mein Team ist müde, wir haben morgen die nächste Feier, mach die Musik aus und dann ist Feierabend.“* Auf meinen Einwand, er hätte schließlich einer Verlängerung zugestimmt und ich sei bereits bezahlt worden, entgegnete er nur: *„Das ist mir doch Scheißegal, in zehn Minuten ist hier Feierabend, sonst ziehe ich den Stecker persönlich oder haue die Sicherung raus.“* Ich war sauer und hielt ihm eine kurze, aber flammende Rede über den Dienstleistungsgedanken und dass ich keine Lust darauf habe, hier zum Schluss der Buhmann zu sein. Es half alles nichts, er zeigte sich unkooperativ, also holte ich mir das Brautpaar ran. Dieses reagierte entsetzt und war ebenfalls wütend auf die Location, willigte aber ein, die Feier schweren Herzens zu beenden. Das Geld durfte ich behalten, da ich nichts damit zu tun hatte und Doris und Werner dankbar waren für den Abend. Später habe ich erfahren, dass dieses Geschäftsgebaren durchaus normal in diesem Laden war und man regelmäßig für die letzten angefangenen zehn Minuten einer Stunde den kompletten Satz berechnete.

Vom Piloten der nicht fliegen konnte

An eine im Nachhinein traurige Geschichte erinnere ich mich, wenn ich an den Drogenmissbrauch auf Hochzeitsfeiern und anderen Veranstaltungen denke. Nora und Holger hatten die Feier zu ihrem großen Tag in einem Schloss geplant und alles sollte einzigartig und unvergesslich werden: Genau so, wie jedes Brautpaar es sich für seine Hochzeit wünscht. Die Feier am späten Nachmittag startete wie gewohnt mit leichter Hintergrundmusik und dem Eintreffen der Hochzeitsgesellschaft im großen Festsaal. Ohne Eröffnungstanz kamen bereits die ersten Gäste auf die Tanzfläche und wünschten sich noch vor dem Abendessen Songs wie *„Ich weiß was dir fehlt“* von Peter Alexander oder *„Immer wenn ich traurig bin trink ich einen Korn“* von Heinz Erhardt. Musikalisch auf jeden Fall maximal interessant, dachte ich mir, mal schauen, wie sich das während der später startenden Party so entwickeln würde. Am Anfang gar nicht mal so übel, direkt nach dem Hochzeitstanz standen fast alle Gäste auf der Tanzfläche und feierten zu *„Love is in the air“* (John Paul Young) oder *„Dancing queen“* (ABBA), später dann auch zu Schlager oder zu aktuellen Hits aus den Charts.

Gegen Mitternacht ging es dann aber los: sowohl männliche als auch weibliche Gäste setzten sich auf den Boden und bildeten einen Kreis. Eine junge Dame zündete den *„Schwarzen Afghanen“* an und dann machte der Joint die Runde. Jeder zog einmal kräftig daran, später war auch eine zweite oder dritte Tüte unterwegs. Gefährlich wurde es das erste Mal, als eine junge Frau zum Fenster ging, dieses aufriss und auf den Sims steigen wollte. Eine Freundin und deren Begleitung konnten sie von diesem wegziehen, wobei ihr Cocktailglas entzweibrach, aber das war allen egal. Ständig hörte man zerberstendes Glas und das Personal war permanent mit dem Entfernen von Scherben und dem Aufwischen beschäftigt. Eine schöne Party ist etwas anderes, hier ging es jetzt nur noch um das Konsumieren von Drogen. Die jungen Leute sangen zu den Songs der 90er Jahre mit und hatten Spaß, keine Frage, nebenan saßen die älteren

Gäste wie Großeltern und Verwandte, es war ein zweigeteilter Saal. Irgendjemand hatte schließlich die Idee, man könne jetzt nach draußen gehen und ein paar Wunderkerzen anzünden. Die Gruppe raffte sich auf und sprintete nach draußen.

Ich kann es nicht erklären, aber irgendwie überkam mich ein ungutes Gefühl, mit welchem ich Recht behalten sollte. Von meinem DJ-Platz aus konnte ich nach gut nach draußen auf die steinerne Eingangstreppe zum Schloss sehen, auf welcher sich nun die Meute versammelt hatte. Während zwei Frauen die Wunderkerzen anzündeten, begab sich der Bräutigam mit seinem Bierglas auf den Rand der Steintreppe, welche kein Geländer hatte. Es war schon eine ordentliche Höhe und ich mit meiner Höhenangst hätte so etwas selbst im nüchternen Zustand niemals in Erwägung gezogen. Er klopfte, stark schwankend, mit einem Gegenstand mehrmals gegen das Glas, so dass alle Gäste wussten, er wolle etwas sagen und sich ihm zuwandten. Viele standen in beiden Sälen jetzt am Fenster, ich hatte die Musik ausgemacht und man erwartete seine Worte. „*Nun*" begann er lallend „*Ich bin ein Pilot, ich kann fliegen! Ich - kann - fliegen!*"

Er breitete seine Arme aus und geriet immer mehr aus dem Gleichgewicht, während ein Raunen durch die Hochzeitsgesellschaft ging. „*Ich kann fliegen, ich kann fliegen!*", wiederholte er erneut mit dem Glas in der Hand, danach stürzte er mit einem markerschütternden Schrei in die Tiefe auf den Boden. Schreie, ihm zur Hilfe eilende Personen, in Folge noch zwei Stürze auf der Treppe nach unten, waren die nächsten Dinge, an die ich mich erinnere.

Mitarbeiter hatten bereits den Notarzt, die Feuerwehr und Polizei informiert, aber es sah meines Erachtens nicht besonders gut für den Bräutigam aus, welcher unten auf dem Boden stark blutete und ehrlich gesagt nicht mehr wirklich als Mensch zu erkennen war. Er lag direkt neben einem Strahler, welcher das Schloss in den Abendstunden anleuchtete und es war wahrlich kein schönes Bild. Ich schaue gerne Horror- und Katastrophenfilme und weiß, wie Menschen von innen aussehen können, aber das Ganze in echt zu erleben, ist dann doch eine andere Nummer als monumentale Spaß-Hollywood-Bilder.

Der Bräutigam wurde abtransportiert, Blaulicht erhellte den Nachthimmel in den nächsten Stunden. Die Ermittlungen der Polizei begannen und setzten sich lange fort, ich baute meine Technik ab und nach der erfolgten Befragung meiner Person konnte ich nach Hause fahren. Ich habe sowohl aus der Presse als auch von der Braut später erfahren, dass ihr Mann notoperiert und ins Koma gelegt wurde, es aber generell nur wenig Hoffnung auf eine vollständige Genesung gebe. Dies sollte sich dann auch bewahrheiten, als ich ein halbes Jahr später von seinem Tod erfuhr. Er ist nie mehr aus dem Koma erwacht und einsam im Krankenhaus gestorben. Seine Eltern waren bereits tot und seine Frau, die sich wochenlang jeden Tag mehr als zwölf Stunden bei ihm am Krankenbett aufhielt, hatte genau während seines Todeszeitpunkts eine Weiterbildung in einem anderen Bundesland. So schnell kann es also gehen, so schnell kann alles vorbei sein. Die Polizei hatte einen gefährlichen Alkohol-Drogen-Mix in seinem Blut festgestellt und es gab nach der Party einige Strafanzeigen für die Gäste der Hochzeitsfeier, wie ich von der Location erfuhr.

Drogen hatten und haben in meinem Leben überhaupt nichts zu suchen. Ich bin leidenschaftlicher Bier- und Weintrinker, mit Alkohol habe ich prinzipiell kein Problem auf privaten Feiern und unter Freunden. Bei Veranstaltungen, auf welchen ich als professioneller Dienstleister gebucht bin, trinke ich meine Flaschen mit stillem Wasser.

Wenngleich es eine schöne Arbeit ist, so ist es doch Arbeit - und wirklich gut gelingt diese nur in nüchternem Zustand.

Von Absinth und Polizeikontrollen

Die meisten Gäste verstehen das auch und versuchen nicht ständig, mich mit einem Shot oder Ähnlichem zu verführen. Nur einmal, es war in meinen Anfangsjahren als DJ, habe ich davon eine kleine Ausnahme gemacht. Eigentlich nichts Schlimmes: Der Sohn des Betreibers einer Eventlocation, in welcher ich regelmäßig auflegte, holte nach dem Ende der Firmenfeier neben mir die Bardame zu sich und öffnete eine Flasche Absinth. Ich kannte dieses Getränk bis dato nicht, hatte aber schon davon gehört. Es war nur ein Schnapsglas, in welches er einen Löffel Zucker zugab, aber das hatte es offenbar in sich. Ich fuhr im Anschluss direkt nach Hause und im Bett fühlte ich mich vor dem Einschlafen, welches zudem viel länger dauerte als sonst, benommen. Selbst am nächsten Tag war mir *„kotzübel"*, ich weiß bis heute nicht, was das für ein Teufelszeug war. Absinth benebelt die Sinne? Wenn das der Effekt ist, dann kann ich darauf verzichten und habe dieses Zeug bis heute auch nicht mehr angerührt.

Überhaupt wäre es auch keine gute Idee, während einer Veranstaltung Alkohol zu trinken und im Anschluss nach Hause zu fahren. Erst im vergangenen Jahr erzählte mir eine Kellnerin, die mich erstaunt anschaute, als ich ein angebotenes Bier ablehnte, dass ihr Haus DJ sich immer ordentlich einen hinter die Binde kippt und danach den Heimweg antritt. Wohlgemerkt war ich auf einer höher gelegenen

Burg, der angesprochene Heimweg führte über eine sehr schmale Straße ins Tal. Drei Mal hätte der Kollege sein Auto eben auch schon kaputtgefahren in der jüngsten Vergangenheit.

Ich selbst mache immer wieder die Erfahrungen mit Polizeikontrollen in der Nacht. Wenn man zwischen drei und vier Uhr nachts unterwegs ist, trifft man je nach Region ziemlich wahrscheinlich auf eine Polizeistreife und hat Glück, wenn man nicht raus gewunken wird. Ich habe nie etwas zu verbergen, zeige brav meine Fahrzeugpapiere und darf weiterreisen. Zwei Begegnungen sind mir in Erinnerung geblieben, beide im gleichen Ort im Norden Brandenburgs. Ich war ein wenig genervt von einer Party, die nicht so super war, wie sie es hätte sein können: Bei 35 Grad stand ich allein mehr als acht Stunden in der Location, keine Fenster auf, keine Möglichkeit die Musik nach draußen zu verlagern. Das ist im Hochsommer schon mal öfter der Fall, eigentlich fehlt dann nur noch, dass mir jemand einen Keks aus Mitleid zuwirft.

Man winkt mich in dieser Nacht also aus dem Verkehr und ich hatte die für mich lustige Idee, auf die Frage des Beamten: *„Haben sie etwas getrunken, junger Mann?"* mit *„Ja und nicht gerade wenig"* zu antworten. Ich hatte vor vielleicht zwanzig Jahren mal einen Witz gelesen, in welchem dann mit *„aber nur Cola und Saft"* der Nachsatz folgte. Dazu kam ich allerdings nicht mehr. Ich durfte aussteigen, ins Röhrchen pusten, es wurde in meine Augen geleuchtet, ich durfte zeigen, dass ich gerade laufen kann: Das ganze bekannte Prozedere, wie man es auch aus Filmen kennt. Natürlich versuchte ich zwischenzeitlich die Situation aufzuklären, allerdings hatten die beiden Polizisten nicht meinen Humor und bestraften mich für meinen Einfall. Damit nicht genug, hatten sie gesehen, dass mein Fahrzeug voll mit Veranstaltungstechnik beladen war. Die süffisante Frage nach Warndreieck, Verbandskasten und Reserverad führte zu einem Ausräumen meines Fahrzeugs am Rande einer Bundesstraße um 3.15 Uhr nachts. Aufgrund der Tatsache, dass in meinem Führerschein das Tragen geeigneter Hilfsmittel zum Sehen eingetragen ist, ich aber Kontaktlinsen trage, gab es auch hierüber Diskussionen. Eine Brille kann ich nicht aufsetzen, also wurde erneut in die Augen geleuchtet. Glücklicherweise konnte der Beamte die eingesetzten Linsen erkennen und ich durfte endlich weiterfahren.

Eine andere Verkehrskontrolle blieb mir in Erinnerung, weil sich mein Auto in einem unglaublich schmuddeligen Zustand befand. Ich hatte von Chips- und Brötchentüten über Colaflaschen alles auf den Beifahrersitz geschmissen. Leere Batterien, Pappschachteln, Pfandflaschen und vieles mehr: Es sah in meinem Fahrzeug aus wie in einem Kriegsgebiet. Das war mir egal nach der Veranstaltung, ich musste nur nach Hause und wollte dort am nächsten Tag (Sonntag) aufräumen, saugen und es wieder 1A herrichten. Bis ich dann auf der Bundesstraße von einer hübschen jungen Polizistin, mit ihrem Kollegen angehalten und zum Zeigen meiner Fahrzeugpapiere aufgefordert wurde. Nun hatte ich dummerweise keinerlei Ahnung, wo sich meine Papiere befanden. Ich wühlte mich im Licht der Taschenlampe, welche in mein Auto gerichtet wurde, durch den ganzen Müll und fand sie schließlich im Handschuhfach.

Unglaublich peinlich und ich war froh, endlich weiterfahren zu dürfen.

Wer ohne Fehler ist, der werfe den ersten Stein. Auch ich mache selbstverständlich einige – ein paar peinliche oder wenigstens unangenehme Erlebnisse sollen deshalb ihren Weg in dieses Buch finden.

Hausgemachte Peinlichkeiten

Während des Aufbaus für eine Veranstaltung muss alles schnell gehen. Mehr als 30 Minuten benötige ich selten, irgendwas kann immer passieren, beispielsweise ein Kabelbruch. Dann heißt es das Backup hervorkramen und Abhilfe schaffen. Als ich auf einer Hochzeitsfeier im Hochsommer gerade dabei war, mich zu meinem Kabelkoffer zu bücken, gab es ein lautes Geräusch. Es hörte sich nicht nur an wie das Reißen einer Hose, es fühlte sich auch danach an. An meinem Hintern spürte ich einen leichten Luftzug. *„Ach du Kacke"* schoss es mir durch den Kopf und ich griff mir an die betroffene Stelle. Jipp, die Hose war gerissen und das nicht zu knapp. Nun war guter Rat teuer, aber da die Hochzeit in einer angemieteten Scheune auf dem Land weitab von der Stadt stattfand, gab es nicht viele Optionen. Eine Jacke hatte ich bei über 30 Grad und tropischen Nächten nicht mit. Am Ende schnappte ich mir mehrere Heuballen, baute mir eine Sitzgelegenheit und setzte mich darauf – von 17 Uhr bis 3 Uhr bewegte ich mich davon selbst beim Auflegen so gut wie nicht weg davon. Nur dem Brautpaar erzählte ich von meinem Missgeschick. Ich glaube, sie haben es den Gästen verraten, denn diese schauten den ganzen

Abend grinsend zu mir herüber, anders als normalerweise üblich.

Nicht zu verstecken war dagegen mein Missgeschick mit unserem Auto. Es war ein Superjahr für die Firma und ich freute mich mit meiner Frau, dass es so gut lief: *„Endlich klappt mal alles und läuft für uns"* sagte ich zu ihr, als wir in der Tiefgarage unseres damaligen Miethauses gingen. *„Von dem, was ich in an den letzten Abenden extra verdient habe, machen wir einen richtig schicken Urlaub oder gönnen uns was für den Garten."* Wir wollten ins Potsdamer Sterncenter shoppen fahren, am Abend war eine Hochzeit in Berlin für mich dran. Ich hatte meinen Satz gerade beendet, startete das Auto und fuhr los, da gab es ein langes, irre fieses Geräusch. Meine Euphorie war mit einem Mal verflogen, denn mir war klar: Ich hatte in meiner *„Gott geht es uns gerade gut"*-Euphorie den Beton-Stahlträger vergessen, welcher das Parkhaus stützte. Zu früh eingelenkt, klasse. Ich stieg sofort aus und wusste: Das wird teuer. Von der Fahrertür bis zum Kofferraum war alles zerkratzt und eingedellt. Wir sind furchtbar geknickt trotzdem einkaufen gefahren. Insgesamt lag der Schaden bei fast 8.000 €, eine fiese Höherstufung ließ sich nicht vermeiden. Heute nutze ich die *„Nichts passiert"* – Rabattretter-Angebote der Versicherungsunternehmen, die gab es damals noch nicht. Am Abend fuhr ich mit dem lädierten Fahrzeug in die Bundeshauptstadt. Am Veranstaltungsort stand die Hochzeitsgesellschaft im Hof und sah mich kommen. Schockierte, aber auch mitleidsvolle Blicke trafen mich, als ich mein Auto auf dem einzigen freien Parkplatz an der Location abstellte. Direkt unter einer Laterne, wunderschön angeleuchtet. Als ich die Technik aufgebaut hatte, schaute ich aus dem Fenster vor mir. Direkt hinter der Tanzfläche hatte ich einen erstklassigen Ausblick auf mein beleuchtetes, zerschrammtes, geliebtes Auto: So wurde ich die nächsten Stunden regelmäßig und immer wieder schmerzhaft an das am Vormittag Geschehene erinnert.

Aber auch auf Veranstaltungen selbst kann etwas passieren. Jeder hat es vor sich, das Bild vom DJ mit den Kopfhörern. Das ist nicht um cool auszusehen und damit anzugeben, sondern notwendig, um den nächsten Titel vorzu-hören und ordentlich mixen zu können. Während die Gäste auf der Tanzfläche also zu einem Titel abgehen, höre ich im Headphone den nächsten. So weit, so unkompliziert. An jenem Abend war ich aber angesichts des nächsten Songs – ich weiß noch genau, es war *„Sex, Love & Rock ’n Roll“* von T-Pain feat. Arash – etwas zu euphorisch und verwechselte die Lautstärkeregler. Während ich also auf meinen Ohren in voller Lautstärke den Titel hörte und groovte, wähnte ich die Partymenge noch beim Tanzen zu einem Track von Pitbull. Plötzlich tippte mir jemand auf die Schultern. Ich schreckte hoch und sah ein junges Mädchen, die über beide Ohren grinste und mit dem Finger Richtung Tanzfläche zeigte: Fast alle Gäste standen und schauten mich an. Mein Blick fiel sofort auf den Controller und ich verstand: Während ich Party pur im Ohr hatte, waren sie für etwa anderthalb Minuten Teilnehmer einer ungewohnten Stille. Ich hatte mich tatsächlich vermixt und das nicht zu knapp. Es war eine Supertruppe und niemand böse, alle fanden die Situation amüsant und danach ging es auch mit Vollgas wei-ter. An diesem Abend checkte ich im Anschluss so oft wie nie meinen Kopfhörer, die Boxen und alle Regler.

Wenn ich in den letzten Jahren etwas gelernt habe, dann ist es niemals einen Song abzuspielen, den man nicht kennt oder wenigstens einmal komplett durchgehört hat. Ich war auf einer Hochzeitsfeier, auf welcher sich einige Gäste ein Lied des Künstlers Olli Schulz wünschten. Ich hatte ihn nicht dabei, aber es war für alle ganz wichtig, dass ich genau diesen Titel spiele. Bei den Streaming-Anbietern wurde ich nicht fündig, ein Gast hatte die Lösung: YouTube, da sei er auf jeden Fall. Na gut, dachte ich mir, dann spiele ich ihn eben von dort, was soll schiefgehen? Wenige Augenblicke war es auch schon so weit, der Song startete und alle feierten. Und dann passierte es: In der Mitte des Titels gab es eine Schauspielszene, welche gefühlt eine Ewigkeit dauerte. Die Reaktionen der Tanzenden reichten von *„Was'n jetzt los?"* über *„Ey, mach mal weiter"* bis hin zum lautesten Gast: *„Das hat er von YouTube, der spielt das von YouTube, da ist das so, das kenne ich!"* Ich wäre am liebsten im Boden versunken. In der Situation waren mir auch die Hände gebunden, wie weit hätte ich denn vorspulen sollen? Ich kannte den Song schließlich nicht. Also leerte sich die Tanzfläche, ein paar Gäste blieben und dann ging es nach einer gefühlten Ewigkeit weiter. Wahnsinnig peinlich, seitdem höre ich in jeden Song, den man mir per Datenträger reicht oder per Mail zusendet, hinein, checke die Qualität und ob er überhaupt komplett ist.

Es gibt Tage, da kannst Du versuchen, alles richtig zu machen, es bleibt trotzdem ein komisches Gefühl. Als ich in einem edlen Wellness-Hotel zu einer Hochzeitsfeier auflegen sollte, stellte ich mit Erschrecken fest, dass ich mein

Lichtstativ vergessen habe. Es war ein Riesensaal und eine Party mit 100 Gästen: Mein Herz schlug bis zum Hals, als ich den Faux Pas bemerkte. Zum Glück waren vom Vortag noch etliche LED-Floorspots in meinem Fahrzeug, weil ich am Morgen zu faul war, diese auszuräumen. Also stellte ich in meiner Not alle Spots nebeneinander vor die Bühne und richtete diese entsprechend auf die Tanzfläche aus. Am Ende wurde die Nacht zu einem Erfolg, aber es muss schon etwas merkwürdig ausgesehen haben – der DJ und die Boxen auf der Bühne, aber keine Lichtleiste in Sicht.

Innerlich fast gestorben wäre ich auch, als ich die Distanzstangen für mein Boxensystem nicht gefunden habe. Da stand ich nun, während des Aufbaus für eine Hochzeitsfeier und hatte den Subwoofer und den Hochtöner in der Hand, aber die Stangen um beide zu verbinden fehlten. Ich stellte mein ganzes Auto auf den Kopf, schaute in jeder Ecke, aber nichts. Also fragte ich in der Location nach, ob man mir zwei Stehtische mit Hussen hinstellen könnte, auf welche ich die Boxen legen wollte. Gesagt, getan – es sah wirklich furchtbar aus. Nichts gegen diesen Namen, aber ich fühlte mich wie der letzte *„DJ Klaus“* aus dem Kegelclub. Kurz bevor die Gäste von der Terrasse kamen und in den Speisesaal zum Abendessen gehen wollten, schritt ich noch einmal zum Fahrzeug. Kofferraum auf und siehe da, da lagen beide Stangen plötzlich vor mir. Das kennt wahrscheinlich jeder: man sucht stundenlang nach etwas, man schaut wirklich überall und findet das Objekt der Begierde dann an einer Stelle, wo man gefühlt schon hundertmal geguckt hat. So war es auch hier und ich konnte überglücklich das Provisorium gegen das normale System tauschen.

Opa nimmt die Witterung auf

Eine Geschichte, die mir bis heute in Gedanken geblieben ist, fand auf einem Gutshof in Niedersachsen statt. Die Hochzeit von Elisabeth und Kurt aus der Schweiz war im ganz großen Stil geplant: freie Trauung direkt am See, anschließend Party bis tief in die Nacht in der Scheune. Dass es eine merkwürdige Feier werden könnte, habe ich bereits beim Aufbauen der Technik für die freie Trauung geahnt. Während ich bei starkem Wind die Boxen aufstellte und das Mikrofon anschloss, kam die Braut im Bademantel und mit Pantoletten bekleidet zum Ort des Geschehens und begann zu fluchen. Kein *„Hallo"* zu mir, einfach nur ein Keifen und Schreien, das Wetter sei *„Scheiße"*, die ganze Deko fliege umher und überhaupt sei heute ein *„Kacktag"*. Ihr zukünftiger Ehemann versuchte sie zu beruhigen, was ihm allerdings nur bedingt gelang. Dann flog auch noch der Bademantel auf, die Braut – nur mit einem Slip darunter bekleidet – präsentierte ein paar Freunden und mir ihre Brüste, der nächste Schreikrampf war die Folge. Am Ende verschwand sie mit einem deftigen *„Leckt mich doch alle wo, die Sonne nicht hinscheint"* in Richtung der Zimmer, welche sich auf dem Gelände des Gutshofes befanden. Der Bräutigam begrüßte mich und meinte, das sei bei *„der Alten"* völlig normal, da dürfe man sich nichts draus machen. Die Trauung selbst verlief dann unspektakulär, ebenso der Nachmittag und das Abendessen mit Ausnahme einer regelrechten Druckbetankung.

Elisabeth wollte eine Rede halten. Ihr Lallen und ihre Körperhaltung versprachen nichts Gutes, ihr Ehemann

Kurt stand ihr allerdings in nichts nach. Ich übergab ihr also das Mikrofon und wurde Zeuge einer unvergesslichen Szene. Nach den üblichen Danksagungen im diesmal genuschelten Zustand entfuhr *„Lizzy"* ein donnernder Pups, den niemand, aber auch wirklich niemand im Saal überhören konnte. *„Huch, ich habe eben gefurzt!"*, kicherte sie und die Gäste schauten sich mehr oder weniger beschämt an. *„Oh mein Gott, da kommt noch einer – jetzt aber, dass wird ein Brummer!"*, lachte sie herzhaft und ließ ihren Blähungen freien Lauf. Zu allem Überfluss zog Elizabeth ihren Slip aus und warf ihn unter einem großen *„Hallo!"* nach oben, wo er auf meinem Lichtstativ landete. Schließlich wurde sie von ihrer Freundin und Trauzeugin Helga erlöst. In dem Moment, als Helga mir das Mikrofon zustecken wollte, riss sie sich jedoch los, griff sich das Gerät und brüllte in die Kapsel: *„Ich kann auch rülpsen wie eine Große"* und grunzte förmlich ins Mikro hinein. Dann fiel sie hin, wurde von Helga und ihrem Mann aufgerichtet und zu ihrem Platz geführt. Gott-sei-Dank war der Eröffnungstanz schon vorbei, andernfalls hätte *„Du musst ein Schwein sein"* von den Prinzen vermutlich bestens gepasst. Später war die Tanzfläche zeitweise etwas verwaist, was vor allem an der räumlichen Trennung zum Speisesaal lag. Der Großvater von Elisabeth kam in den Raum und schaute mich an. Dann wandte er seinen Blick meinem Lichtstativ zu, auf welchem weiterhin der Slip seiner Enkelin an einem LED-Spot herunterhing. Opa, für sein Alter noch recht groß, schnappte regelrecht nach dem Stofffetzen, erreichte ihn aber nicht. Er zwinkerte mir zu und ging aus dem Raum.

Das war schon merkwürdig genug für meinen Geschmack, aber es sollte noch verrückter werden. Opa kam mit einem Stuhl zurück, stellte sich zitternd auf diesen und griff sich schließlich den Schlüpfer. Er stieg herunter, zog den Stoff auseinander und nahm eine *„tiefe Nase"*, er schien den Geruch förmlich zu inhalieren. Wir erinnern uns an das während der Rede Geschehene und nun ist sicher jedem klar, warum mir total schlecht wurde – und das will schon was heißen, denn ich bin eigentlich hart im Nehmen. Opa steckte sich, nicht ohne den Slip vorher nochmal dicht an die Wange zu kuscheln, das Stück Stoff in die Tasche seines Jacketts, verschwand nach nebenan und setzte sich wieder neben seine Frau.

Auf dieser Feier sollte es schließlich auch noch eine dritte Besonderheit geben, diese dann allerdings erst weit nach Mitternacht. Mittlerweile war die Tanzfläche sehr gut besucht, die älteren Gäste bereits gegangen, als der vereinbarte Buchungszeitraum endete. Um 1 Uhr sollte Schluss sein, aber Kurt wollte weiterfeiern: *„Mach mal weiter bis 2 Uhr, ich bezahle das auch"*, waren seine Worte und er legte mir einen Hundert Euro-Schein aufs Pult. Er wollte unbedingt Schranz hören, eine harte, minimalistische und schnelle Stilrichtung der elektronischen Tanzmusik. Und natürlich Goa-Trance. Bitte nur spezielle Mixe, von denen er etliche auf seiner mehrere hundert Gigabyte fassenden Festplatte bei sich hatte und nun vor mich legte. *„Spiel mal den Mix, der ist geil"*, meinte er und fügte hinzu: *„Kannste einfach durchlaufen lassen, nichts mixen bitte."* Sein Wunsch war mir Befehl und ich sah, dass dieses Set ganze 95 Minuten laufen sollte. Nach einer Stunde *„Arbeitslosigkeit"* meinerseits, aber wilden Tänzen auf der anderen Seite, verlängerte Kurt erneut um eine weitere Stunde. Dasselbe Geld, ein neuer Mix. Dann wurde sich nochmal von 3 auf 3.30 Uhr geeinigt, am Ende kann ich sagen: So einfach habe ich während meiner DJ-Laufbahn nie wieder 250 Euro extra verdient.

Wobei, wenn ich an den hohen Norden denke: Internationale Hochzeiten kommen bei mir seltener vor, aber es gibt sie. Ich erinnere mich eine solche, bei welcher der Bräutigam Brasilianer und seine Frau Türkin war. Eine interessante Kombination, gerade was die Party anbetreffen sollte. Es wurde eine türkischstämmige Band organisiert, welche mit mir im Wechsel spielen sollte. Wir teilten uns den Platz in der Location, der zugegeben nicht besonders üppig bemessen war. Ich stand mit meinem Equipment hinter der Band und wartete auf den ersten Einsatz. Zur Begrüßung lieferte das siebenköpfige Ensemble türkische Lounge-Musik, es folgten die obligatorischen Reden und Spiele – nach dem Abendessen begann der Eröffnungstanz, den die Band ankündigte und performte. Nach einem etwa 40-minütigen Set deutete man mir an, jetzt würden sie Pause machen und ich könnte spielen. Das tat ich dann auch und heizte der Menge mit ein paar Funk-Klassikern ein – genau zehn Minuten, dann war die Gruppe wieder am Platz, mit vollgeschaufelten Tellern und meinte: *„Mach jetzt Pause, wir legen wieder los!"* Es folgte ein fast zweistündiges Feuerwerk an türkischen Hits (?). Alles feierte, alles tanzte, typische türkische (Kreis-) Tänze waren an der Tagesordnung. Ich übernahm analog zum ersten Set und wahrscheinlich kann man es sich schon denken: nach handgestoppten zwölf Minuten und dreieinhalb Songs war es wieder zu Ende. Die Band legte beim dritten Set dann noch eine Schippe drauf und spielte diesmal 150 Minuten am Stück, also sagenhafte zweieinhalb Stunden. So ging es den ganzen Abend bis drei Uhr nachts. Meine Spielzeit beschränkte sich insgesamt auf etwa eine Stunde. In einer ruhigen Minute beim Abbau in der Nacht sprachen wir dann über unsere Gage. Hierbei stellte sich heraus, dass ich trotz meines geringen Aufwandes mehr Geld verdient hatte als die sieben Leute zusammen. Das fand ich verrückt, aber wenn sich Dienstleister so in den Vordergrund spielen, dann kann das passieren.

Feuer – oder nicht?

In Schlössern erlebt man die verrücktesten Dinge, was nicht zuletzt dem Alter dieser Locations geschuldet ist. Ich erinnere mich an ein Schloss, in welchem ich zur Hochzeit von Bernd und Caro aufgelegt habe. Es war von Beginn an eine schwierige Veranstaltung, denn sie fand im Sommer statt, während der Fußball-Weltmeisterschaft und ausgerechnet Deutschland spielte an diesem Abend. Derlei Situationen passieren alle zwei Jahre zur EM und WM, gerade wenn unsere Nation aktiv ist. In der Regel sind alle, mindestens aber die Männer, auf der Suche nach einem geeignet großen Fernseher, um das Spiel schauen zu können. Gewinnt Deutschland ist eine Riesenparty garantiert, jeder ist glücklich und feiert mehr als ausgelassen. Bei einer Niederlage kann das aber nach hinten losgehen und manch einer lässt sich davon so richtig runterziehen.

So geschehen bei einer Hochzeit in Dresden, als Bayern München ein Champions League Finale in den Sand setzte und danach Trauerstimmung herrschte. Ich bin selbst ein riesiger Fußball-Liebhaber, aber eine Niederlage meines Lieblingsklubs könnte mir niemals eine großartige Feier von Freunden vermiesen. Vermutlich liegt das aber daran, dass ich als Fan von Hertha BSC das Verlieren seit Jahrzehnten gewöhnt bin. Zur Hochzeit von Caro und Bernd verlor die Mannschaft und alle kamen geknickt aus der Lobby des Schlosses zurück in den großen Saal. Die Frauen waren beleidigt, dass ihre Männer sie so lange allein gelassen hatten, selbst die Braut war eingeschnappt. Die Niederlage kam erst in der Verlängerung zustande, es war ein ziemlich zäher Abend bis dorthin. Zumal keine Tanzmusik vorher gespielt werden sollte, denn Caro war sehr auf Tradition und den offiziellen Start mit dem Eröffnungstanz bedacht. Nun konnte es endlich losgehen. Die Gäste versammelten sich im Kreis um das Brautpaar und es wurden Wunderkerzen verteilt. Moment, dachte ich mir, es war hier wie so oft keine Nebelmaschine erlaubt und auch vor Wunderkerzen hatte mich die Veranstaltungsleiterin ein paar Stunden vorher gewarnt. Ich legte also per Mikrofon sofort mein Veto ein und bat darum, davon Abstand zu nehmen. Doch vergeblich, man meinte das jetzt unbedingt machen zu müssen. Ich konnte den Rauchmelder an der Decke sehen, einer Decke, die für ein Schloss sehr niedrig hing.

Die Wunderkerzen wurden angezündet und ich legte auf Kommando den Song *„Küss mich, halt mich, lieb mich"* von Ella Endlich (die Titelmusik aus dem DEFA-Märchen *„Drei Haselnüsse für Aschenbrödel")* auf, die Gäste fingen an zu schunkeln, Caro und Bernd begannen mit ihrer einstudierten Choreografie, als ein ohrenbetäubender Lärm die Szenerie erschütterte. Der Rauchmelder war aufgrund der vielen Wunderkerzen angesprungen und übertönte die laute Musik nun bei weitem. Die Romantik war dahin, die Gäste genervt und hielten sich die Ohren zu, das Servicepersonal machte auf mich keinen professionellen Eindruck. Es waren alles junge Frauen, ein einziger, ebenfalls sehr junger Mann, schaute fragend in die Runde und zu mir. *„Vielleicht solltet ihr die Sicherung rausnehmen oder den Alarm einfach ausstellen?"* meinte ich zu ihnen, ohne selbst zu wissen, was am besten zu tun war. Es stellte sich heraus, dass der gesamte Service nur aus Praktikanten und Auszubildenden bestand, eine

Leitung war nicht mehr anwesend. Das große Suchen nach dem Sicherungskasten setzte ein, der Lärm des Rauchmelders war nahezu unerträglich. Von den Chefs war niemand telefonisch zu erreichen, die jungen Damen schauten alle resigniert. Zu allem Unglück rückte draußen die Feuerwehr an, welche mit dem Schloss direkt verbunden war und automatisch alarmiert wurde. Der Einsatzleiter konnte schnell für Entlastung sorgen und den Alarm ausstellen. Er war aber sehr wütend über den falschen Alarm, der nur wegen Nichtbeachtung der vereinbarten Regeln, eben dem Abbrennen von Wunderkerzen, ausgelöst wurde. Er versprach dem Brautpaar wenig empathisch eine saftige Einsatzrechnung für die zwei Fahrzeuge und Besatzung, was zu einem Heulkrampf bei Caro führte und diese in ihr Hotelzimmer, die Hochzeitssuite, trieb. Erst nach einer Stunde, es war bereits nach Mitternacht, kam sie wieder und es wurde der Eröffnungstanz mit den verbliebenen Gästen nachgeholt sowie ein paar Stunden halbwegs fröhlich gefeiert.

Mein Tipp: Wunderkerzen sehen zwar super aus, wenn sie brennen, aber sie sind gerade in Kinderhänden immer auch etwas gefährlich, außerdem können sie ganz schnell durch Funkenflug kleine Löcher in den teuren Anzügen oder Kleidern verursachen - viel besser sind deshalb Knicklichter geeignet. Ich selbst verwende auf Hochzeiten niemals Nebelmaschinen, denn abgesehen von der Tatsache, dass fast alle kleinen und großen Locations heutzutage Rauchmelder haben und dies nicht erlaubt ist, macht das auf einer stilvollen Veranstaltung keinen Sinn. Die heutige Lichttechnik ist so leistungsstark, dass sie keinen zusätzlichen Nebel benötigt – wer darauf trotzdem nicht verzichten möchte, der kann bei der Location seiner Wahl nach dem Einsatz sogenannten Hazern (*„Dunstneblern"*) fragen, hier wird lediglich der Boden etwas eingenebelt. Den Einsatz von Lasern vermeide ich ebenfalls gerne, denn niemand möchte rote und grüne Punkte auf seinen Hochzeitsfotos – die Fotografen danken mir für diese Einstellung. Die Verwendung von Luftballons in einem Festsaal sollte auch vorab geklärt werden: Manche Hotels & Restaurants, gerade solche mit hohen Decken, arbeiten mit einer Lichtschranke, welche auslöst, wenn Gegenstände (oder Rauch) eine gewisse Höhe passieren.

Groß im Kommen sind Funkenmaschinen, welche mit Kaltfunken arbeiten. Hier werden Fontänen ohne Feuer erzeugt: Keine Frage, das sieht richtig gut aus und ist ein klasse Effekt. Warum ich mich allerdings dagegen entschieden habe und dies nach heutigem Stand auch nicht ändern werde, ist, dass das verwendete Pulver maximal schwierig einzustufen ist. Neben dem recht hohen Preis findet sich auf nahezu jeder Verpackung der Hinweis: *„Kann vermutlich Krebs erzeugen"*. Ganz ehrlich? Das kann doch niemand wollen. Wenn man als Brautpaar oder Gast auf einer Hochzeit für wenige Augenblicke diesen Stoffen ausgesetzt ist, mag das vielleicht zu tolerieren sein – als professioneller Hochzeitsdienstleister mit mehreren Veranstaltungen in der Woche könnte ich mir bei der permanenten Verwendung dagegen schon den Termin beim Onkologen buchen. Es gilt: Nicht alles, was schön aussieht, muss auch genutzt werden. Und wer weiß, vielleicht sieht das in ein paar Jahren schon ganz anders aus und es ist ein sichereres Pulver auf dem Markt. Oder eine vollkommen neue Technik.

Was ich persönlich absolut nicht mag, sind Konfettikanonen. Ich weiß, das sieht super aus auf der Tanzfläche, wenn die roten Herzen auf das Brautpaar und die Gäste niederregnen, aber leider überwiegen auch zahlreiche Nachteile. Der Boden wird rutschig, das Personal ist genervt ob der anstrengenden folgenden Reinigungsaktion, der DJ versucht, die kleinen Schnipsel aus seinem Controller und der anderen Veranstaltungstechnik zu fummeln, da diese zu Kurzschlüssen führen können. Insgesamt also keine so gute Idee. Viele Locations nehmen mittlerweile bereits eine zusätzliche Reinigungspauschale für solche Gimmicks oder verbieten diese ganz.

Und was das Problem Fußball angeht, da gibt es eigentlich nur eine Lösung: Entweder man plant besser um einen solchen Termin herum oder man ergibt sich notgedrungen seinem Schicksal. Denn eines weiß ich spätestens seit der Hochzeit von Zoe und Finn ganz genau: Verbieten kann man das nicht. Ständig gehen Männer nach draußen oder schauen unter dem Tisch auf ihr Handy nach dem Ergebnis. Und wenn dann ein Tor fällt, die eigene Mannschaft einem Rückstand hinterherläuft oder nur noch wenige Minuten zu spielen sind, kann es niemand mehr verstecken und alle sind wie elektrisiert. Also besser lieber gleich offiziell die Erlaubnis geben, vielleicht sogar mit einem Fernseher oder Beamer im Partysaal arbeiten und im Anschluss hoffentlich Spaß ohne Ende haben.

Um noch einmal auf die Situation mit dem Rauchmelder zurückzukommen: Es müssen gar nicht immer die Gäste sein, welche für Probleme verantwortlich sind. Auf einer Silvesterfeier verspürte ein junger Kellner, nachdem gegen zwei Uhr alle Gäste gegangen waren, das Bedürfnis, einen Feuertanz mit einer Fontäne zu vollführen. Der Saal war innerhalb weniger Augenblicke eingenebelt und der Alarm ging los. Das halbe Hotel stand vor den Zimmertüren und in der Lobby, ausschalten konnte diesen aber nur der Chef, welcher sich nicht mehr im Haus befand. Nur wenige Minuten später erschienen Polizei, Löschfahrzeuge und fünf Feuerwehrmänner im Restaurant. Man schob alles auf einen defekten Rauchmelder, der Qualm hatte sich dank intensiven Lüftens bereits verzogen. Der Kellner schaute nach dem Eintreffen der Feuerwehr die ganze Zeit starr nach unten und schämte sich, er hoffte wohl nicht erwischt zu werden.

Einer geht noch, einer geht noch rein

Ein, meiner persönlichen Meinung nach, besonders peinliches Spiel (oder auch eher Beitrag) auf jeder Hochzeitsfeier ist das *Kutscherspiel*. Dabei setzen sich mehrere Hochzeitsgäste auf einen der Stühle, die in mehreren Reihen angeordnet sind. Im Anschluss werden die Rollen verteilt, beispielsweise ist der Brautvater der Kutscher, die Braut die Königin usw. Ein Gast, der Spielleiter, liest eine Geschichte vor und jedes Mal, wenn die betreffende Person bzw. ihre Rolle genannt wird, muss diese aufstehen. Das an sich ist anstrengend und kann lange dauern: Dramatisch wurde es aber schließlich in einem Hotel in Niedersachsen auf der

Hochzeit von Freya und Nico. Hier wurden zusätzlich zum Aufstehen bei Nennung der Rolle Schnäpse verteilt und mussten getrunken werden. Ich ahnte, dass dies kein gutes Ende nehmen würde und sollte Recht behalten. Insgesamt sechs Flaschen *„Berliner Luft"* (Pfefferminzlikör) wurden innerhalb kürzester Zeit auf die 10 Anwesenden Personen verteilt. Schon während des Beitrags konnten die Gäste und auch das Brautpaar nicht mehr richtig stehen, stürzten gegen die Stühle, auf andere Gäste oder erbrachen sich (unter dem Gejohle der Hochzeitsgesellschaft!) mitten auf die Tanzfläche. Ich war peinlich berührt und habe mich geschämt für diese Menschen. Das Schlimme an diesem Erlebnis war, dass der Hochzeitstanz noch nicht stattgefunden hatte und im Anschluss erfolgen sollte. Braut und Bräutigam kamen zu mir ans Pult, während sie von halbwegs nüchternen Gästen gestützt wurden: *„Wir müssen jetzt tanzen also hau mal ordentlich einen Riemen auf die Orgel"* lallte Nico mir entgegen und ich legte den Eröffnungswalzer auf. Erstaunlicherweise gab es keinen Sturz, aber die verdrehten Augen der beiden, die Griffe an die Geschlechtsteile und das unkoordinierte Schwanken verfolgen mich bis heute.

Erfahrungen mit anderen Dienstleistern

Auf jeder meiner Veranstaltungen habe ich es in irgendeiner Art und Weise mit anderen Dienstleistern zu tun. Sei es der Hochzeits- oder Eventfotograf, der Caterer oder der Betreiber der Veranstaltungslocation – die Kunst hierbei ist es, sich mit allen Gewerken gut zu verstehen und es sich nicht gleich zu verscherzen. Denn nur gemeinsam kann eine Hochzeit oder jede andere Veranstaltung gelingen. Ich bin von Haus aus ein friedlicher Zeitgenosse und komme sehr gut mit neuen Menschen zurecht. Erleichternd kommt hinzu, dass ich zwar hohe Ansprüche an Professionalität stelle, diese aber im Gegensatz zu vielen anderen Dienstleistern der Branche tatsächlich bereit bin umzusetzen und jederzeit tue. Ich habe immer ein nettes Wort auf den Lippen, zeige keinerlei Star-Allüren und baue vor allem nachts meine Veranstaltungstechnik in einem überschaubaren, ja sogar ganz fixen Tempo ab. Oft schon wurde mir berichtet, dass sich *„DJ Siggi"* oder *„DJ Uwe"* in der Nacht, nach dem letzten Tanz der verbliebenen Gäste, an die Bar setzen, das ein oder andere Feierabendbier trinken und die jungen Servicedamen von ihrer nun anstehenden Aufräumaktion vor Feierabend abhalten wollen. Ich möchte nach dem Ende eines Events nur eines: Schnell nach Hause zu meiner Familie und ins Bett. Denn am nächsten Tag geht es oft schon mit der nächsten Veranstaltung weiter oder ein Ausflug mit Frau und Kindern ist geplant. Über die Jahre habe ich mit unterschiedlichen Dienstleistern meine Erfahrungen gemacht und die ein oder andere Geschichte hat es in dieses Buch geschafft.

Darf ich mal an dir lecken?

Eine lustige Geschichte ist mir ganz besonders in Erinnerung geblieben. Mit Nadja, einer Servicekraft aus Berlin, verstehe ich mich sehr gut und wir haben bereits die ein oder andere Veranstaltung miteinander durchgeführt.

An einem Abend war ich zum Geburtstag ihrer Schwester gebucht, welche mich bereits telefonisch darüber informiert hatte, dass sie an diesem Tag auch ihre Freundin heiraten wird. Dies sollte eine Überraschung für die ganze Familie sein, eine Geburtstagsfeier mit integrierter Hochzeitsparty also. Nadja traf diese Aktion während der Verkündung am Abend aber besonders schwer, fühlte sie sich doch verraten ob der fehlenden Information vorab durch ihre geliebte Schwester. Es kam, wie es kommen musste: Nadja gab sich ordentlich die Kante und bediente an diesem Abend etwas *„spezieller"* als sonst: Die hin und wieder zu Boden stürzenden Gläser konnte ihr Chef verschmerzen, er hatte Verständnis für ihre Reaktion. Sie flirtete den ganzen Abend mit anderen Männern und auch ich wurde ihr *„Opfer"*. Als schließlich alle Gäste gegangen und nur noch einzelne Servicekräfte vor Ort waren, kam Nadja zu mir, schlang ein Bein um mich und hauchte: *„Oli? Darf ich mal an Dir lecken?"* Sie roch nach jeder Menge Alkohol, ich drückte ihr Bein nach unten von mir weg und meinte: *„Natürlich nicht, Du weißt doch ich bin glücklich verheiratet und außerdem werde ich nicht gerne angeleckt."* Ihrer Forderung tat das keinen Abbruch und sie fragte lallend erneut: *„Komm schon, Oli, lass mich an dir lecken. Nur ein klein wenig. Darf ich?"* Sie war sehr betrunken und der Chef beobachtete mit zwei weiteren Servicekräften das Geschehen amüsiert. *„Nadja, nein, kein Lecken an Oli – nicht heute und nicht morgen."* Sie rückte ihre Brille zurecht und säuselte: *„Nicht mal ein ganz kleines bisschen lecken an Oli?"* – *„Nein, nicht mal ein kleines bisschen."* Sie ging traurig los und meinte: *„Aber jetzt trinken wir alle noch ein kleines Leckerli!"* Das haben wir dann gemeinsam auch getan und es gab ein halbes Glas Sekt für jeden. Später habe ich sie noch wild knutschend und fummelnd mit dem jungen Mann, welcher die Fotobox abgebaut hat, gesehen.

Nadja wollte später in ihrem Cabrio nach Hause fahren, aber der Chef konnte ihr die Schlüssel aus der Jackentasche entwenden und so schlimmeres verhindern. Ich glaube auch nicht, dass sie die 25 Kilometer bis zu Ihrer Wohnung in ihrem Zustand geschafft hätte.

Überhaupt ist Alkohol ein großes Problem bei vielen Dienstleistern. Ich kenne Kollegen, die sich extra kleine Schnapsflaschen mitbringen und diese in ihre Cola kippen, damit es niemand merkt. Wieder andere gehen offensiver damit um und trinken mehr als so mancher Gast. Ganz ehrlich möchte ich diesen Menschen unterwegs auf dem Heimweg nicht begegnen und halte es für mehr als fragwürdig, wenn Gäste sich betrunken hinters Steuer setzen. Immer bekomme ich dies nicht mit und es ist nicht meine Aufgabe, hier regulierend einzugreifen. Ich hoffe und bete auf jeden Fall, dass alle Partygäste heil nach Hause kommen. Prinzipiell ist es das Beste, wenn gerade bei einer Hochzeit eine Übernachtungsmöglichkeit in der Location besteht oder wenigstens im Ort vorhanden ist, die fußläufig erreicht werden kann. Sollte beides nicht möglich sein, kann man für einen Shuttle-Service sorgen oder einen Fahrer aus dem Freundes- oder Verwandtenkreis dafür abstellen.

Ich wurde schon oft gefragt, ob ich nach meinen Veranstaltungen Gäste oder Dienstleister ein Stück mitnehme. Immerhin fahre ich ein großes Fahrzeug und Platz wäre genug. Allein schon aus Versicherungstechnischen Gründen lehne ich solche Fahrdienste ab. Ich habe in zwölf Jahren genau drei Mal eine Ausnahme gemacht: Einmal für einen Kellner, ein anderes Mal für eine Praktikantin und dann für einen Gast, weil diese Frau wirklich unmittelbar an der Hauptstraße aussteigen konnte, an welcher ich sowieso vorbeifuhr. Wohl ist mir dabei nie gewesen und deshalb werde ich das auch nicht wieder tun. Ein Kollege hat mir einmal erzählt, wie er eine junge Frau nach einer Hochzeitsfeier ein Stück mitgenommen hat. Am nächsten Tag, als er mit der Familie ins Fahrzeug stieg, fand seine Frau einen rosafarbenen Slip, den sich die junge Dame während der Fahrt ausgezogen haben musste. Drei Nächte Schlaf auf der Wohnzimmercouch, unzählige Blumensträuße und Beteuerungen waren notwendig, um die Ehe zu retten.

Von den Erlebnissen anderer DJs könnte ich auch fast ein Buch schreiben. Beispielsweise von Mario, dem sie in der Nähe von Neuruppin das Nasenbein gebrochen haben, weil er sich weigerte, zum vierten Mal an einem Abend *„Atemlos* *durch die Nacht"* von Helene Fischer zu spielen. 14 Tage Krankenhausaufenthalt waren auch aufgrund der damit verbundenen schweren Gehirnerschütterung nötig. Körperliche Gewalt gegen meine Person habe ich bisher noch nie erlebt und hoffe sehr, dass dies auch so bleibt. Obwohl ich mir das Geld von meinen Kunden meist überweisen lasse, bleibt bei Barzahlungen in der Nacht ein ungutes Gefühl. Was, wenn dich jetzt jemand beim Beladen des Fahrzeugs niederschlägt und dein Portemonnaie stiehlt? Bei meinen Fahrten durch die Nacht halte ich auch immer das Auto verschlossen.

Mach es lieber selbst

In der Zeit des Übergangs zwischen Kleinunternehmer und hauptberuflicher Selbstständigkeit betrieb ich eine übernommene DJ-Agentur und konnte so hin und wieder Discjockeys für Hochzeiten und Events vermitteln. Das war eine schöne Sache, wenn man am Wochenende auf einer Hochzeitsfeier sein Geld verdient hatte und am Montag die Provisionen der anderen DJs auf dem Konto eingingen. Das funktionierte allerdings nur so lange, wie die Kunden mit diesen Dienstleistern zufrieden waren.

Innerhalb der Agentur hatte ich ein paar Kollegen übernommen, neue zu finden, gestaltete sich sehr schwierig. Wie sollte ich diese auch überprüfen? An den Wochenenden war ich selbst oft unterwegs, auf die Events der anderen Discjockeys konnte ich also nicht gehen. Blieben mir die Referenzen, persönliche Gespräche und Rücksprache mit den Kunden. Ich erinnere mich an Kris, welcher eine

Hochzeitsfeier auf einem Schloss durchführen sollte. Er besprach mit dem Brautpaar die Details der Veranstaltung, die musikalischen Wünsche und alles weitere, aber bis zum Tag der Hochzeit hatte er offenbar vieles vergessen oder wollte sich nicht mehr an sie halten. Jedenfalls klingelte an dem Montag nach der Party bei mir das Telefon und mit einem *„Herr Plattig, was haben sie uns denn da vermittelt? Die Feier war eine einzige Katastrophe. Kris hat nicht einen Wunsch erfüllt, nur Remixe der Songs gespielt, sodass man diese nicht mehr erkannt hat und überhaupt nur elektronische Musik. Wir sind megaenttäuscht und möchten unser Geld zurück!"* Das war ein Schock. Ich entschuldigte mich für den Kollegen und erklärte dem Kunden freundlich, dass ich nur der Vermittler des DJs wäre und er mögliche Schadenersatzansprüche gegen ihn und nicht mich zu richten hätte. Daraufhin wurde Steve sehr ungehalten und meinte: *„Ich werde Sie mit schlechten Bewertungen im Internet überziehen und Sie dermaßen fertigmachen, dass Sie kein Bein mehr auf den Boden bekommen. Außerdem verklage ich Sie, Sie bekommen Post von meinem Anwalt."* Das saß. Ich konnte leider nicht mehr reagieren, denn er hatte bereits aufgelegt.

Eben jener Kollege Kris kopierte später viele Textzeilen meiner Internetseiten völlig ungeniert auf seine eigene Webpräsenz. Da der Diebstahl geistigen Eigentums in Textform sehr schwer nachzuweisen ist, muss ich diese Schweinerei bis zum heutigen Tage dulden. Am Anfang habe ich mich darüber sehr geärgert, mittlerweile kann ich darüber müde lächeln. Schließlich ist es auch eine Anerkennung, wenn die eigene Arbeit offenbar so gut ist, dass sie kopiert wird. Die anderen Seiten seines Internetauftrittes passen nicht zu dem Rest und das fällt jedem Leser sofort auf. Heute ist Kris zwar noch als DJ aktiv, hat aber kaum Buchungen von Brautpaaren und tingelt als Dorfmusiker und in Klubs durch das Land. Während der Corona-Pandemie versuchte er sich als Querdenker und Weltverbesserer.

Zu allem Überfluss war das aber nicht die einzige negative Reaktion an diesem Montag, auch ein großes regionales Unternehmen aus dem Potsdamer Raum meldete sich. Man teilte mir mit, dass DJ Marko den Gastgebern gegenüber unfreundlich gewesen wäre, eine halbe Stunde zu spät vor Ort erschien und eine weibliche Begleitung bei sich hatte, die das Buffet schneller und umfassender leerte als die Mitarbeiter und geladenen Gäste. Zudem stand er während des gesamten Events gelangweilt hinter dem Pult. Zudem sei die Musik von einer schlechten Qualität gewesen und Wünsche wären nicht erfüllt worden. Zwar wollte man nicht verklagen, doch die Enttäuschung war deutlich spürbar. Man teilte mir schließlich mit, dass man keine weitere Zusammenarbeit mehr mit meiner Agentur in den nächsten Jahren wolle. Eine Katastrophe. Den Rest des Tages verbrachte ich damit, mit den beiden DJs zu sprechen, die sich keinerlei Schuld bewusst waren und mir sogar die Playlisten zusandten. Anhand dieser erkannte ich die Probleme sofort und mir war klar, diese beiden Kollegen werde ich nie wieder vermitteln.

Natürlich ist jeder DJ auch ein Künstler und kann in einem gewissen Rahmen frei entscheiden, was er spielen möchte und was nicht. Am Ende sehe ich uns immer noch als Dienstleister und das widerstrebte diesem Gedanken komplett. Die Songs waren weder tanzbar noch bekannt: Es war ein elektronischer Einheitsbrei, den man auf einer großen Jubiläumsveranstaltung nicht und auf einer Hochzeit erst recht nicht spielen konnte. Derlei Erlebnisse gab es auch mit anderen DJs. Jedes Mal brachten mich aufs Neue ins Schwitzen: Schließlich entschied ich, dass die vielen Provisionen es nicht wert waren. Ich musste mich mit unzufriedenen Kunden rumärgern, die betroffenen DJs waren sauer, weil sie keine Aufträge mehr erhielten – das Ende der Agentur war für mich beschlossene Sache. Seit dieser Zeit habe ich als Hochzeits- und Event DJ nur meine eigenen Veranstaltungen gebucht und musikalisch begleitet. An zwei, vielleicht drei Kollegen, mit denen ich keine schlechten Erfahrungen gemacht habe und auf die ich mich verlassen kann, leite ich die Kontaktdaten anfragender Kunden heute noch auf Wunsch weiter.

Empfehlungen sind ein wichtiges Kriterium bei der Entscheidung für oder gegen einen Dienstleister und deshalb habe ich besonders einen Kollegen damals kräftig unterstützen können. Dieser lebte fast zwei Jahre ausschließlich von meinen weitergeleiteten Brautpaaren. Ohne mich – und das meine ich völlig ernst – wäre er heute vermutlich Würstchen Bräter in einer Imbissbude oder Empfänger vom Bürgergeld. Aber ich habe dies zu der Zeit gerne getan, denn was seine Tätigkeit als DJ angeht, habe ich nie etwas Schlechtes von den Kunden gehört. Dass die zwischen uns entstandene Freundschaft später während der Corona-Pandemie in die Brüche ging, hatte dagegen andere, gesellschaftliche Gründe.

Ich habe in den mehr als zwölf Jahren DJ-Tätigkeit viel über das Geschäft gelernt, vor allem, dass sich hier jeder selbst der Nächste ist. Echte Freunde oder nette Kollegen sind eine Seltenheit und das, obwohl es eigentlich genug Aufträge für alle gibt und das so nicht sein müsste. Ich habe es immer anders versucht zu handhaben und ganz pragmatisch gesehen: Um meine Familie und mich zu versorgen benötige ich genau zwei Veranstaltungen pro Woche, Freitag und Samstag. Diese Einnahmen führen dazu, alle Versicherungen, Einkäufe, Steuern und die Hausrate zu finanzieren sowie ein schönes Leben mit Urlaub und anderen Annehmlichkeiten zu haben. Alle weiteren Veranstaltungen unter der Woche sind lediglich das gewisse Extra und sorgen für zusätzlichen Luxus. Wenn ich nun für einen Tag, wie damals den 18.08.18, insgesamt 137 Anfragen bekomme, ich aber als DJ (Einzelunternehmer) nur einen Auftrag annehmen kann, gibt es genug für 136 weitere Dienstleister. Ich verstehe deshalb also bis heute nicht, wieso auf dem Markt so ein Hauen und Stechen existiert, genauso wenig wie das damit verbundene Preisdumping unter den Kollegen.

Apropos andere DJs: Vielleicht bin ich etwas altmodisch, vielleicht gehe ich nicht mit der Zeit. Gerade was Tik Tok, Reels, Snapchat betrifft – was es nicht alles gibt. Aber wenn ich ständig von *„Ich gehe Mugge machen"* oder *„am Wochenende gibt's wieder geile Mucke auf die Ohren"* höre, dann denke ich mir: So alt bist Du offenbar nicht – „*Mugge*" oder „*Mucke*", stellvertretend für Musik machen/ gute Laune verbreiten ist für mich eines der schlimmsten Worte im Veranstaltungsbereich. Fast genauso furchtbar finde ich die Verwendung des Wortes *„Besteck"* für die mitgebrachte Licht und Ton-Veranstaltungstechnik. Wenn ich bei Kollegen schon lese *„Heute zur Hochzeitsfeier mit großem Besteck"* – ehrlich? Da rollen sich bei mir sämtliche Zehennägel zusammen, schlimmer gehts eigentlich nur noch beim Gendern.

In Erinnerung geblieben ist mir eine Feier, auf welcher sich die beiden Jungs einer Coverband dermaßen betrunken haben, dass sie zum letzten geplanten Set gar nicht mehr antreten konnten, weil sie total durch den Wind waren. Sie krabbelten stattdessen über den Boden, der eine bellte und der andere übergab sich neben der Tanzfläche. Wer meint, dass das Brautpaar es irritierend oder schockierend fand, der irrt: Im Gegenteil, die Beiden wurden beklatscht, bejubelt und ihnen der nächste Shot gebracht.

Einen DJ, welcher sich an dem Brautpaar vorbei noch als erster an das Buffet drängelt, habe ich dagegen hautnah auf einer privaten Hochzeitsfeier in Hamburg erleben dürfen. Dieser Kollege hatte eine ihm spezielle Berufseinstellung und nicht einmal einen Laptop, CD-Spieler oder ähnliches dabei. Seine Musik kam von Tablet der billigsten Sorte, welches per Klinke mit der hauseigenen Musikanlage verbunden war. Auch die etwa zehn Euro für das monatliche Abo des Streamingdienstes, in diesem Fall Spotify, waren diesem wirklich unglaublich einzigartigen Hochzeitsprofi offenbar zu viel und er entschied sich für das kostenlose Paket mit Werbeeinblendungen. Es lief die Musik und nennen wir ihn der Einfachheit wegen *„DJ Horst"*, sauste zum Buffet. Während er sich den Teller mit dem ausschließlich fettigen und ungesunden Teil des Essens vollstopfte, endete der aktuelle Song und es ertönte? Richtig, Werbung. Extralaut brüllte nun also das zumindest 2019 bekannte Mädchen: *„Dann geht doch zu NETTO!"* in den Raum. Horst entglitten sämtliche Gesichtszüge, er lief rot an, ließ den Teller augenblicklich stehen und bewegte seinen massiven 120 Kilo-Körper im Camp David-Hemd zum Pult.

Allein an Halloween

Eine eigene Veranstaltung auf die Beine stellen: Das wäre es doch. Mit vielen Hundert tanzenden Gästen und die Kasse klingelt auch ordentlich. Nachdem ich mit meiner Eventmanagement-Ausbildung fertig war, hatte ich die Idee, in meiner Heimatgemeinde eine Halloween-Party zu organisieren. Mit der damaligen Veranstaltungsleiterin des Hotels verstand ich mich super, schnell wurde aus der Idee Realität, inklusive Plakaten, Vorverkauf und vielem mehr. Doch einiges hatte ich nicht bedacht – unter anderem ein parallel stattfindendes Event der lokalen Konkurrenz, mit welcher ich mich eigentlich ohne Not und in einem Anflug von Größenwahn anlegte. Ich veröffentlichte das Foto eines Kleiderschranks auf meinen Social Media Kanälen und schrieb darunter *„Raus aus den alten Klamotten, lieber öfter mal was neues tragen!"* Der Kollege damals hieß *„DJ Klamotte"* und sowohl er als auch seine Freunde fanden das nicht besonders lustig. Heute würde ich so etwas nicht mehr tun, aber damals hielt ich es unter Marketinggesichtspunkten für genau das Richtige.

Der Tag der Halloween-Party kam und trotz wochenlangem Vorverkauf waren genau sechs Tickets verkauft worden. An der am Nachmittag stattfindenden Minidisco nahmen etwas mehr als 20 Kinder mit ihren Eltern teil, das war für einen Saal mit einer Kapazität von mehr als 200 Besuchern schon sehr ernüchternd. Am Abend allerdings passierte zum Einlass: Nichts. Meine Frau saß an der Kasse, es kamen einfach keine Menschen, die Lust auf Party hatten. Wahrscheinlich waren sie alle bei den anderen Events oder abgeschreckt durch mein schlechtes Marketing. Nach etwa einer Stunde kamen vier Gäste und tanzten ein paar Minuten, danach gingen auch sie – 60 Minuten später fand der Abbau statt. Es machte keinen Sinn. Dieses Erlebnis hatte mir gezeigt, dass, wenn auch aufgrund vieler persönlicher Fehler, mir das Ausrichten von kleinen und großen Events möglicherweise doch nicht liegt. Das bedeutet nicht, dass ich es in Zukunft nicht erneut versuchen möchte oder werde, aber dann wird es anders angegangen, denn noch eine blutige Nase möchte ich mir bestimmt nicht abholen.

Nicht alles auf eine Karte setzen

Die folgenden Zeilen sind als Tipp für alle Hochzeits DJs und Dienstleister im Allgemeinen gedacht. Das eben erwähnte Hotel, in welchem das Halloween-Desaster stattfand, war das SensConvent in Michendorf. Vor einigen Jahren wurde es vom Landkreis Potsdam-Mittelmark zu einem Flüchtlingsheim/ einer Asylunterkunft umfunktioniert – eine lange Geschichte, welche sich in den regionalen Zeitungen nachlesen lässt. Praktisch über Nacht verloren nicht nur viele Mitarbeiter ihre Arbeitsstelle, sondern auch zahlreiche Brautpaare ihre lange geplante

Hochzeitslocation. Bei mir stand das Telefon nicht mehr still, aber was sollte ich machen? Wer sich einmal intensiv mit dem Thema Hochzeitsplanung beschäftigt hat, der weiß, dass es nahezu unmöglich ist, kurzfristig eine neue Location zu finden. Oftmals sind diese nämlich bereits mehrere Jahre im Voraus ausgebucht. Von den insgesamt sieben Paaren konnten drei auf einen anderen Ort ausweichen, vier Stornierungen bekam ich aufgrund der geschilderten Situation.

Ich habe einige Hochzeitslocations, in welchen ich regelmäßig als DJ gebucht werde und in deren Bankettmappe ich stehe. Exklusiv hat mich keine davon: Das wäre, wie gezeigt, katastrophal und könnte im schlimmsten Fall zum Ruin führen. Ein Betreiber- oder Personalwechsel, in der Hotellerie nicht selten, und schon ist vielleicht ein Dienstleister im Haus, der über Beziehungen dorthin gelangt ist. Das beste Beispiel hierfür ist eine bekannte Location, eine schicke Burg, in welcher es drei Veranstaltungsleiterinnen gibt. Früher war ich sehr oft dort, irgendwann hörten die Anfragen abrupt auf. Ich konnte es mir nicht erklären, aber als Bernd und Maria bei mir saßen und in diesem Haus mit mir feiern wollten, erfuhr ich die ganze Wahrheit des neuen Systems. Die drei Eventmanagerinnen hatten allesamt Liebesbeziehungen zu den DJs vor Ort: eine war mit „*DJ Bodo*" zusammen, die andere mit „*DJ Heini*" verheiratet und letztere immerhin schon mit „*DJ Freddi*" verlobt. Wer vor Ort heiraten wollte, musste sich praktisch für einen der drei Herren entscheiden – alternativ bot man ihnen ein DJ-Korkgeld an: für 150 Euro durfte man auch einen Discjockey außerhalb des elitären Kreises buchen.

Am Ende ist es so: Der Terminkalender bei mir als Einzelunternehmer muss voll werden. Das bedeutet zwar manchmal, dass ich für eine Hochzeit fünf Stunden entfernt gebucht werde und ein halbes Jahr später zu einer Hochzeit nur zehn Minute um die Ecke. Aber dann ist es so, eine Absage an den ursprünglichen Kunden kommt nicht infrage. Und darauf spekulieren, dass für einen bestimmten Tag oder eine bestimmte Location garantiert noch eine Anfrage hereinkommen wird – das ist mir zu riskant und sollte sich jeder Dienstleister besser zwei Mal überlegen.

Keine Beschwerden? Wo bleibt die Polizei!

In Niedersachsen war ich zur Hochzeitsfeier von Antje und Christoph unterwegs. Ein schönes uriges Restaurant hatten die beiden als Hochzeitslocation ausgewählt, es gab eine Bühne weit oben über der Tanzfläche für mich und die Party selbst war klasse: Nahezu alle Gäste waren Fans der Ballermann-Szene und feierten, als gäbe es kein Morgen. So war es auch nicht verwunderlich, dass die Feier bis fünf Uhr morgens andauerte und keinerlei Hänger hatte. Was mich allerdings etwas ratlos werden ließ, war ein ganz anderer Umstand. Das Restaurant lag inmitten eines gut bewohnten Gebietes, überall Reihenhäuser in unmittelbarer Nähe. Ich verwendete zwar die Technik der Location, aber diese war genau das Gegenteil von limitiert: Das Motto aus dem Song des Ballermann-Barden Tobee *„Der Bass muss ficken"* schien hier 1:1 umgesetzt. Am Ende der Feier und während ich meinen Arbeitsplatz aufräumte, kam ich ins Gespräch mit dem Inhaber des Ladens. Ich musste ihn einfach fragen, warum sich kein einziger Mensch beschwert hatte. Normalerweise wäre bei der Lautstärke und bei der Unmenge an Nachbarn meiner Erfahrung nach definitiv mindestens einmal die Polizei gekommen. Seine Antwort fand ich genial: *„Das Problem mit der Polizei und dem Ordnungsamt hatten wir tatsächlich, als wir das Wirtshaus damals aufgemacht haben. Aber ich löse das folgendermaßen: einmal pro Quartal bekommt jeder Nachbar von mir einen 50 € Essensgutschein für mein Lokal und seitdem halten sie die Klappe.“* Diese Idee verbreite ich seit Jahren weiter, beziehungsweise erzähle sie allen Gastwirten und Locationbetreibern, welche Probleme mit Anwohnern haben.

Bei Outdoor-Veranstaltungen ist das Ganze nicht so einfach. Wie oft habe ich schon gehört: *„Kein Problem, ich kenne den Bürgermeister persönlich“* oder *„Die Nachbarn sind zwar nicht eingeladen, aber da sagt keiner was.“* Am Ende ist es immer das Gleiche: Die Polizei erscheint, ermahnt meine Kunden, die Musik muss leiser gemacht werden und alle Gäste meckern. *„Mach endlich wieder laut, ich übernehme das Risiko“* führt dann oft zum Einlenken meinerseits, bis der Freund und Helfer erneut in Erscheinung tritt und mit der Beschlagnahmung meines Equipments sowie der Beendigung der Veranstaltung droht. Es noch nie so weit gekommen, einmal war ich kurz davor – oder doch nicht?

Polizeieinsatz oder Striptease-Kunst?

Wir feierten auf einem Gartengrundstück. Was die Anfahrt

anbetrifft, schrecke ich bei dieser Art von Location immer erst einmal kurz auf. Bedeutet es meistens einen erhöhten Aufwand, was die Anfahrt und das Schleppen der schweren Veranstaltungstechnik angeht. Hier gestaltete es sich alles komplikationslos, aber eine weitere Sache bereitete mir Bauschmerzen, denn die Gartensparte befand sich inmitten eines Wohngebietes. Im Hinblick auf die zu erwartende Lärmbelästigung für die Anwohner rechnete ich schon mit Beschwerden. Bis 23 Uhr passierte gar nichts. Dann standen sie plötzlich da: zwei Polizisten, zu erkennen an ihrer Uniform.

Sie kamen zu mir und sagten in ernstem Ton: *„Ausmachen, sofort. Den Anwohnern im benachbarten Wohngebiet ist das hier zu laut und sie haben keine Erlaubnis zum Feiern."* Erschrocken sah ich zu den anderen Gästen, welche ihrerseits alle zu uns herüberschauten. *„Na los, jetzt, Dalli-Dalli, Hopp-Hopp, sonst nehmen wir die Boxen und sie mit."* Total perplex und überhaupt nicht darüber nachdenkend, dass es ein sehr merkwürdiger Auftritt für Polizisten war, beendete ich den laufenden Song abrupt und wartete auf die Reaktion. *„Na geht doch!"* rief einer der beiden Männer und es erklang auf einmal laute Musik. Während ich noch grübelte, rissen sich beide die Kleider vom Leib, Kerstin wurde auf einen Stuhl, welchen man schnell herangeschafft hatte, in die Mitte der Tanzfläche gesetzt und dann wurde gestrippt. Innerhalb weniger Sekunden befand sie sich in einem Braut-Polizisten-Sandwich: Einer rieb sich von vorne an ihr, der andere von hinten. Ihr war das sichtlich unangenehm, aber die Menge johlte. Die Musik kam von einer mobilen Soundbox, welche die eingeweihten Trauzeugen etwas abseits aufgebaut hatten. Ich fand das alles sehr amüsant, aber war ein wenig verschnupft, dass ich nicht eingeweiht wurde – vielleicht gehörte das aber auch zur Show dazu, der Überraschungseffekt eben.

Nach dieser Erfahrung war ich mir sicher: Erscheint ein Polizist auf der Feier, ist es ein Stripper. Das hätte mir ein Jahr später beinahe richtig Ärger eingebracht, als ich einen an mein Pult herantretenden Beamten mit den Worten begrüßte: *„Hi, was ist denn los, sind wir etwa zu laut? Du kannst Dich da hinten umziehen und dann loslegen, Magic Mike. Gib mir nur noch schnell Deine Musik und dann raus aus den Hosen.“* Der mutmaßliche Stripper fand das nicht lustig und meinte mit sächsischem Dialekt zu mir, wenn ich mich für diese unangemessene Äußerung nicht sofort entschuldigen würde und die Musik leiser mache, wäre die Feier sofort zu Ende und mein Equipment beschlagnahmt. Auf meinen Einwand: *„Ach so, sie sind ein richtiger Polizist. Entschuldigung, das war mein Fehler – die meisten Jungs, die im Kostüm auf die Party kommen sind oft Stripper“* bekam er etwas Farbe im Gesicht und wurde von seinem Kollegen in die zweite Reihe geschoben. Der Kollege stellte sich ordentlich vor und zeigte mir seinen Dienstausweis. Ich wurde rot. *„Fuck!“* dachte ich bei mir. Am Ende waren es wieder einmal missgünstige Nachbarn, welche nach der Staatsmacht gerufen hatten. Anwohner, welche neidisch auf das Glück anderer sind, gibt es öfter als man denkt: Ich habe vor noch gar nicht langer Zeit erst gehört, dass ein solcher Zeitgenosse dermaßen über die Hochzeitsfeiern im Nachbarhaus verärgert war, dass er bei den freien Trauungen auf dem Grundstück der Location in Zukunft immer die Kettensäge anwarf. Am

Ende hat es der Veranstaltungsort nicht überlebt und ist heute nicht mehr existent. Zumindest nicht mehr als Hochzeitslocation.

Nach dieser Party habe ich dann noch eine geliebte Stativstange beim Einladen auf dem Parkplatz vergessen. Fast 100 Euro Wert, das war sehr ärgerlich. So etwas passiert niemals bewusst, aber wenn man tief in der Nacht schnell nach Hause möchte, passieren hin und wieder Fehler. Überhaupt kriegen viele Dinge scheinbar Füße: Kabel, ob groß oder klein, Steckdosen, Gewinde und andere Sachen verschwinden in regelmäßigen Abständen. Im Prinzip ist es beim DJ-Equipment wie mit den Socken in der Waschmaschine: Auf seltsame Art und Weise sind diese oftmals verschwunden.

Ehrlich währt am längsten

Wenn ich an die Gartenparty zurückdenke, fällt mir noch eine weitere Anekdote ein. In Niedersachsen war ich zu einer solchen eingeladen und alles verlief in geordneten Bahnen. Die Gastgeberin schien am Ende der Feier völlig betrunken. Als ich abgebaut hatte und fast alle Gäste vom Grundstück verschwunden waren, wollte ich mich verabschieden, hatte Jutta aber ins Haus auf die Toilette wanken sehen. Dabei verlor sie sichtbar einen hundert Euro Schein, wo auch immer er herkam, denn sie trug nur ein kurzes Kleid und ich wurde bereits am Anfang des Abends bezahlt. Der Schein landete auf dem harten Fliesenboden vor der Tür des WC und da stand ich nun, auf Jutta wartend. Es verging eine halbe Ewigkeit, bis sie wieder herauskam. Ich schwöre, nicht eine einzige Sekunde habe ich überlegt, das

Geld zu nehmen. Also die Gastgeberin dann endlich aus der Toilette kam, hob ich den *„Hunni"* auf und gab ihn ihr. So richtig mitzubekommen schien sie das nicht, murmelte lallend etwas von *„Danke"* und schob mich aus der Haustür.

Ich stieg in mein Auto und fuhr los. *„Halt!"* schoss es mir durch den Kopf, du hast deine hochwertige Überspannungsschutzsteckdose vergessen. Diese hatte ich im Garten beim Abbau in der Nacht extra etwas zur Seite gelegt und hatte vor, sie erst am Ende einpacken. Also drehte ich um, wollte klingeln und sie mir holen. Als ich am Haus ankam, wurden gerade die letzten Gäste verabschiedet. Ich stieg aus und ging zur Tür. *„Oli, hast Du was vergessen?"* fragte Juta mich. *„Ähm, ja, eine Steckdosenleiste"* und war verwundert ob der Klarheit ihrer Sprache. Sie erschien komplett nüchtern und war völlig klar. *„Stimmt, die habe ich gerade im Garten liegen gesehen. Warte, ich hole sie Dir."* sprach sie und ging los. Ich wunderte mich: War das nicht dieselbe Frau, die eben kaum aufrecht stehen konnte und sich offenbar übergeben hatte auf der Toilette? Als sie wiederkam verabschiedete sie mich mit einer herzhaften Umarmung, sprach ein paar Worte mit mir und gab mir 50 Euro Trinkgeld für den schönen Abend. Ich war irritiert. Auf dem knapp zweistündigen Heimweg habe ich mir dann ständig den Kopf zermartert: War die Situation nur gespielt? War das alles nur ein Test, um meine Ehrlichkeit zu testen? Bis heute weiß ich es nicht. Was ich aber bei einer Folgebuchung aufgrund einer Empfehlung kein halbes Jahr später von ihren Freunden erfuhr: Jutta war Schauspielerin an einem städtischen Theater.

Man trifft sich am DJ-Pult

Wenn es etwas gibt, was ich überhaupt nicht mag, dann ist es von fremden Menschen auf Feiern angefasst zu werden. Leider passiert das öfter als man denkt, denn betrunkene Partygäste sind oft sehr auf Körperkontakt gepolt. In den seltensten Fällen kam es dabei zu negativen Vorfällen, meistens geht es nur um Musikwünsche, welche abgesetzt werden. Ein unschöner Effekt ist dabei vor allem die Absonderung von Feuchtigkeit in Form des Spuckens und Sabberns. Wie oft musste ich mich säubern, nachdem ein Gast mir mit unangenehmem Alkohol-Atem ins Gesicht gerülpst hat, nach den Frikadellen vom kalten Buffet aufstieß oder einfach nur eine feuchte Aussprache hatte. Nicht erst seit Corona finde ich diese Art der Kommunikation sehr unangenehm, aber wirklich verhindern lässt sie sich nicht. Ein Spuckschutz aus Plexiglas wäre eine Option, aber das sieht natürlich nicht besonders schick aus und ist auf edlen Hochzeitsfeiern deshalb kaum vorstellbar.

An meinem Arbeitsplatz selbst erscheinen regelmäßig viele Gäste, welche ihr Handy laden möchten. Grundsätzlich habe ich damit überhaupt kein Problem, wenn genügend Steckdosen frei sind. Frech fand ich, dass in der Vergangenheit immer wieder Gäste ankamen, welche mir einen USB-Stick reichten und meinten: *„Hier, mach mal gute Musik rauf"* oder *„Ich hab demnächst eine Geburtstagsfeier, aber keinen Streaming-Account. Kannst Du mal die Musik von der Feier hier raufziehen, das wäre geil."* Mal ganz abgesehen davon, dass dieses Vorgehen einfach unglaublich ist, ist es auch illegal.

Ich habe und werde diesen Wünschen niemals nachgeben – egal ob es sich um Gäste oder den Kunden selbst handelt. Außerdem gibt es Menschen, die mich als menschliche Jukebox sehen. Ein Lied, welches unbedingt und sofort gespielt werden muss, weil es alle hören wollen und jeder dazu tanzt. Oder weil man gleich nach Hause geht. Wieder andere bringen mir gleich ihr Handy samt Powerbank und Ladekabel, damit ich es anschließe und ihre Playlist abspielen soll – obwohl es sich dabei um Songs handelt, die außer dem Wünschenden wahrscheinlich niemand kennt. Das ist das Problem bei aktuell mehr als 90 Millionen Titeln auf dem Markt: Alles soll und muss immer und überall verfügbar sein.

Und sonst noch so?

Auf vielen Feiern erlebt man spezielle Dinge. Nicht alle sind so spektakulär wie die an vielen Stellen des Buches geschilderten Erlebnisse – deshalb hier in Kurzform noch ein paar letzte Anekdoten aus zwölf Jahren Hochzeits- und Event DJ.

Während einer Hochzeitsfeier in der Corona-Zeit erlebte ich eine Besonderheit. Der Hausherr kam zu mir und meinte, dass alle zehn Minuten gelüftet werden müsse – es gäbe allerdings viele Nachbarn und aufgrund dessen sei jedes Mal die Musik auszustellen. Ab 20 Uhr! Ich machte nach Aufforderung ohne Scherz alle zehn Minuten die Musik aus und dann für zwei, maximal drei Titel wieder an. Es war eine Totengräberstimmung auf der Party, aber es ging nicht anders. Am Ende der Feier zogen alle noch verbliebenen Gäste blank, schmissen ihre Sachen auf die Tanzfläche und rannten splitterfasernackt und sturzbetrunken in den angrenzenden See zum Baden. Es muss sehr kalt gewesen sein, wie ich an den gegen 3 Uhr wieder eintreffenden, nackten Gästen deutlich sehen konnte.

Interessant auch die Hochzeitsfeier im Westen Deutschlands, welche in der ersten Etage eines großen Gutshofes stattfand. Es sollte eine Mega-Party werden – *„episch"*, wie mir Magdalena vorher mitteilte. Sie hatten alles gut organisiert: die achtköpfige Band spielte mehrere Sets in einer Lautstärke, welche selbst Manowar (die lauteste Band der Welt) regelrecht erblassen ließe. Es gab eine Fotobox, allerdings im Nebenraum, alles hätte so schön sein können. Hätte, denn gegen 22.30 Uhr sollten auf einem Teich Kerzen in Seerosenform schwimmen und dazu wurden Waffeln gebacken. Leider nutzten diese Unterbrechung nahezu 90 % aller Gäste zum verschwinden und kamen nicht mehr zurück in die Location. Die über Stunden extrem laute Musik hatte ihnen dermaßen zugesetzt, dass sie das leise und kuschelige Hotelbett dem Trubel vorzogen. Gegen 23.30 Uhr stand ich mit dem Brautpaar allein im Saal, die Trauzeugen spielten mit der Fotobox nebenan. Ich legte eine halbe Stunde Jumpstyle-Techno für die beiden auf und dann war der Abend Geschichte.

Aufregend auch eine Veranstaltung über mehrere Tage in Sachsen. In einem Einkaufszentrum wurde eine neue Modefiliale eröffnet. Ich sollte von Freitag bis einschließlich verkaufsoffenem Sonntag dort spielen, konnte allerdings nur den Freitag-Termin wahrnehmen und schickte die beiden anderen Tage einen Berliner DJ, nennen wir ihn Max. Bereits an meinem Buchungstag fiel mir die Spannung unter den Mitarbeitern auf – ein komplett neues Team, eine zickige Chefin, Lust auf Arbeit: Fehlanzeige. Am Ende spielte ich Lounge, trank viele Smoothies und fuhr am Abend wieder nach Hause. Am zweiten Tag meldete sich am späten Nachmittag mein vermittelter DJ und teilte mir verzweifelt mit, dass es Probleme gäbe und er nicht wisse, was er jetzt tun solle. Ich konnte ihm aber nicht helfen, denn ich war bereits auf einer Hochzeit. Also rief ich am nächsten Morgen an und er teilte mir mit, dass er nicht mehr vor Ort sei: Es sei Geld verschwunden und man verdächtigte ihn, es genommen zu haben. Die Kasse stand offen, das Personal war im Einkaufszentrum unterwegs und er sei der Einzige im Laden gewesen. Als die Mitarbeiter zurückkamen, fehlten etwa 500 Euro. Er habe umgehend Hausverbot erhalten, fuhr mit dem gemieteten Sprinter nach Hause und fragte nun mich, was zu tun sei. Ich war sauer. Ob auf ihn oder das Modegeschäft kann ich nicht mehr genau sagen, wahrscheinlich auf beide. Ich rief in dem Laden an und erkundigte mich was los sei, denn mein Geld stand schließlich auch auf dem Spiel, da ich noch nicht bezahlt worden war. *„Alles gut“*, bekam ich zu hören: *„Frida hat das Geld genommen. Sie hat es zugegeben, als wir den Mitarbeitern mit der Polizei und Fingerabdrucknahme gedroht haben. Dein Kollege kann wieder kommen."* Da war er aber schon wieder zu Hause. Nach einem nicht besonders freundlichen Wortgefecht und wochenlangem Warten bekam ich die komplette Gage für die drei Tage: Den Ausfalltag haben wir uns geteilt. Wann immer ich heute in dieser Stadt bin, laufe ich interessehalber an dem Geschäft vorbei, das Personal ist jedesmal ein anderes. Mich wundert das auch nicht.

Es war ein Mittwoch Abend im April. Mein Telefon klingelte und ich nahm ab: *„Sie hat mich verlassen, Oli, sie ist weg und jetzt weiß ich nicht mehr, was ich tun soll."* heulte es am anderen Ende der Leitung. *„Wer ist denn da?"*, fragte ich, ohne jede Idee. *„Frank, sie hat mich verlassen"* Langsam dämmerte es mir. Frank und Lara wollten die Woche darauf am Samstag heiraten und ich hatte bereits für ihre Freunde die Hochzeitsfeier musikalisch begleitet. Wir sprachen miteinander und es stellte sich heraus, dass Lara sich den Hund der beiden geschnappt hatte und Frank sagte, sie würde gehen und nicht mehr wiederkommen. Sie könne nicht heiraten. Es klang real und ich glaube nicht, dass es geschauspielert war: Falls doch, dann war das sehr sehr gut. Er überwies mir direkt am Folgetag die komplette Summe für die ausgefallene Hochzeit auf das Konto. Bis zum heutigen Tag weiß ich leider nicht, was aus der Geschichte geworden ist. Aus seinem Facebook- und Instagram-Kanal gelöscht hat er seine damalige Verlobte jedoch bis heute nicht.

Etwas merkwürdig und befremdlich finde ich Veranstaltungen, auf denen man mich zum mitmachen animieren möchte. Ich tanze weder mit der Braut, noch mit sonst irgendwelchen Gästen oder Kellnern, das gehört sich genauso wenig wie Alkohol auf einer Feier. Ich beteilige mich nicht an Spielen und schon gar nicht, wenn es um Geldgeschenke geht. Bei einer Versteigerung wurde ich peinlich vorgeführt, das ist mir bis heute in Erinnerung geblieben. Die berühmte Strumpfbandversteigerung stand an und die Trauzeugin übernahm die Moderation mit meinem Mikrofon. Nachdem die ersten Gebote relativ schnell gingen, war Ebbe angesagt: Niemand fühlte sich mehr im Stande, ein Angebot abzugeben.

„DJ? Schmeiß einen Schein in den Hut, aber zackig!" lallte sie mich an. *„Sorry, ich habe kein Geld dabei"*, erwiderte ich und das war auch wirklich so. *„DJ? Das akzeptieren wir nicht! Du kriegst doch hier ein Schweinegeld, also hau mal einen Zwacken in die Runde."* In mir stieg die Wut auf. *„Ich habe kein Geld. Und ich spiele auch nicht mit. Vielleicht solltest Du bei den Gästen weiter schauen."* – *„Ja ja ja, dann ziehen wir das eben von Deiner Gage ab, ich hab ja den Umschlag für dich und nehm das dann einfach raus."* Sie war wirklich sehr betrunken und es lohnte sich auch keine Diskussion mit ihr. Einige Gäste schauten bereits peinlich berührt nach unten. *„Ich glaube nicht"* war mein Kommentar, als sie einen Umschlag aus der eilig von ihrem Freund herbeigebrachten Tasche zauberte. Sie war kurz davor, diesen mit der Aufschrift „DJ Oli" verzierten Briefumschlag aufzureißen, als der Bräutigam und sein Vater ihn ihr wegnahmen, das Mikrofon gleich dazu und an mich übergaben. Ich brachte die Versteigerung nach wenigen Minuten zu einem zufriedenstellenden Ende. Verärgert war ich trotzdem, auch wenn sich das Brautpaar und andere Gäste bei mir für das Verhalten der Trauzeugin entschuldigten. Von dieser erntete ich übrigens die ganze restliche Nacht nur noch verächtliche Blicke.

Eine Braut zum Weinen bringen? Das habe ich unbeabsichtigt geschafft. Nicht vor Glück oder Rührung, aber nicht weniger emotional. Ich spielte auf einer Hochzeitsfeier den bekannten Klassiker *„Celebration"* von Kool & The Gang, nichts Ungewöhnliches. Auf einmal erstarrten fast alle Gäste der Party und sahen mich an. Die Braut schrie laut auf, die Tränen rannen in Strömen und sie rannte davon - ihr Ehemann, Trauzeugen und ein paar andere hinterher. Ein junger Mann kam auf mich zu, schüttelte den Kopf und meinte: *„Da hast du ganz schön Scheiße gebaut. Ursula, die Braut-mutter, ist vor zwei Jahren bei dem Song auf einer Geburtstagsfeier einfach umgekippt und gestorben. 45 Minuten wurde damals versucht sie, zu reanimieren, keine Chance. Lungenembolie."* Ich war an dem Abend das *„Arschloch",* obwohl ich nichts dafürkonnte. Hätte ich von dem Vorfall gewusst, der Song wäre niemals gelaufen, ist doch selbstverständlich. Deshalb empfehle ich allen Brautpaaren und Kunden, mir eine No-Go-Liste ne-ben der Musikwunschliste einzureichen – da stehen dann eben auch Songs drauf, zu denen man schlechte Erinnerun-gen hat. In meinem Fall wäre das, Achtung Abschlusstest: Na, wer hat das Buch wirlich gelesen? Richtig. *„Die immer lacht…"*

Outro

Ich höre wie sich draußen unser elektrisches Schiebetor öffnet. Meine Frau kommt von der Arbeit nach Hause, fast zeitgleich sind auch die Kinder vom Gymnasium zurück. Während ich freudig zur Haustür laufe, um sie zu begrüßen, macht es wieder *„Pling!"* und ich sehe aus den Augenwinkeln, dass eine neue Anfrage eingetroffen ist. Und eine Buchung. Und mein Handy klingelt – Angela ruft an, eine Braut, die sich mit mir über ein geschriebenes Angebot unterhalten wollte. Also ab ans Telefon und den Drei später *„Hallo"* gesagt. So ist es eben, das Leben als Hochzeits und Event DJ – aber es ist gut, genauso wie es ist. Ich hatte den ganzen Vormittag frei, um über alle Erlebnisse und Erfahrungen der letzten Jahre zu resümieren, welche ich hier niedergeschrieben habe.

Ein Buch über seine Erlebnisse mit autobiografischen Zügen zu schreiben: Macht man das nicht eigentlich erst am Ende seiner Karriere, hat mich ein guter Freund vor kurzem gefragt. Das mag bei vielen Menschen vielleicht so sein, aber ich habe nicht vor, meine Laufbahn als Hochzeits- und Event DJ in der nächsten Zeit zu beenden. Zu viel Spaß macht mir das Auflegen auf Hochzeitsfeiern, Geburtstagen und anderen Veranstaltungen, als dass ich jetzt schon *„in Rente"* gehen möchte. Mal ganz abgesehen davon, dass das finanziell gar nicht machbar wäre. Ich freue mich auf viele weitere Brautpaare, Geburtstagskinder, Firmenchefs und deren Mitarbeiter, Konfirmanden, Oktoberfestbesucher, Abiturienten und andere Jubilare.

Mein Werdegang als DJ

Eine eigene Autobiografie zu schreiben, dafür bin ich etwas zu jung und wer weiß, was in den nächsten Jahren alles passieren wird. Dennoch möchte ich an dieser Stelle kurz einen Abriss über mein Leben als Oliver Plattig geben und anschließend ein wenig über meinen Werdegang als Hochzeits- und Event DJ berichten.

Ich wurde im Jahr 1977 in Eberswalde-Finow, das ist eine Stadt im Land Brandenburg (Landkreis Barnim) als Sohn von Karl-Heinz Plattig (Berufsschullehrer) und Christa Plattig (Chemielaborantin) geboren. Ich besuchte die damalige Grundschule in der DDR, später das Gymnasium Finow und machte dort mein Abitur nach der 13. Klasse im Jahr 1997. Im April 1997 lernte ich meine Frau Stephi aus Radevormwald (NRW) kennen. Im direkten Anschluss an das Abitur folgte der zehnmonatige Zivildienst im Behindertenfahrdienst und dem *„Essen auf Rädern"* bei der Johanniter Unfallhilfe. Der Beginn meines Studiums der Rechtswissenschaften an der Universität Bielefeld erfolgte im Oktober 1998. 2001 zog ich mit Stephi nach Potsdam und setzte nach einjähriger Pause, in welcher ich auf Lehramt Informatik und Geschichte studierte, das Jura-Studium fort. Am 2. Juli 2005 heirateten wir standesamtlich im Krongut Bornstedt und anschließend in der Oberlinkirche Potsdam. Nach einem stadtinternen Umzug im Jahr 2007 und der Geburt unseres ersten Sohnes Julian zog es uns 2009 in die Gemeinde Michendorf, wo wir ein Einfamilienhaus anmieteten. 2010 wurde unser zweiter Sohn Lucas geboren. Von 2012 bis 2013 absolvierte ich eine Ausbildung zum Diplom-Eventmanager am Studieninstitut für Kommunikationswissenschaften in Düsseldorf, später folgte eine Ausbildung zum Audio-Engineer (Tontechniker) am HOFA-College.

Im Jahr 2016 bezogen wir unser neugebautes Einfamilienhaus in der Gemeinde Michendorf.

Meine Gewerbeanmeldung als Discjockey erfolgte am 1. Oktober 2010 und damit fing alles so richtig an. Eigentlich schon etwas früher. Während meiner Studienzeit jobbte ich nebenbei in verschiedenen Stationen: Zunächst im TOOM-Baumarkt in Potsdam als Verkaufshilfe, anschließend als Bürohilfe einer Trocknungsfirma und ab Juli 2008 im Kaufland Potsdam-Waldstadt in der Obst & Gemüse-Abteilung: Damals wusste ich noch nicht, dass mich dieser Job insgesamt elfeinhalb Jahre begleiten würde. Ich überlegte mir ständig, was ich anders, was ich besser machen könnte, um Geld für meine kleine Familie zu verdienen. Da ich mich seit meiner frühesten Kindheit mit der Musik gut auskannte, sagte ich zu mir: *„Hey, warum bist du eigentlich kein DJ?“* und begann mich zu informieren. Die erste Veranstaltungstechnik war schnell gekauft, aber das darf ich heute keinem mehr erzählen. Ich erwarb alles so billig wie möglich in einem Set der Marke Electronic-Star (Chal-Tec GmbH) und bezahlte dafür insgesamt nur knapp 160,00 Euro: Mixer, Mikrofon, Boxen und Endstufe. Bei einem späteren Aufschrauben wurde mir angst und bange, mehr als kleine, schlecht verlötete Platinen waren in den ultraleichten Geräten nicht drin. Egal, dieses Einsteigersystem sollte mir in den folgenden Jahren mehrere tausend Euro einspielen und den Schritt in die folgende Selbstständigkeit ebnen. An erste Aufträge zu gelangen, stand auf meiner To-do Liste ganz weit oben.

Ich machte also einen Termin mit der Inhaberin vom Pub *„Schneider's Kartoffelhaus“* am Bahnhof Michendorf. Wir verstanden uns auf Anhieb, sie suchte dringend einen DJ für die Silvesterfeier 2010/2011 und wollte mir eine Chance geben. Die Frage, welchen DJ-Namen sie auf die Eintrittskarten drucken lassen solle und draußen auf die Kreide-Werbetafel schreiben, traf mich unvorbereitet. *„DJ Oli“*

oder „*DJ Oliver*" fand ich doof, das war nichts Persönliches oder Kreatives. Also ließ ich in meiner Not den Blick wandern und fand ein Plakat des „*Starlight Express*"Musicals aus Bochum. „*DJ Starlight*" lautete meine Antwort und der Name war geboren. Wieder glücklich daheim, mit dem ersten guten Auftrag in der Tasche und einem „*Künstlernamen*" gestaltete ich fortan Visitenkarten, ließ mir ein Logo entwerfen und ging ans Marketing.

Die Silvesterfeier wurde ein voller Erfolg: Noch während der Veranstaltung wollten mich vier weitere Michendorfer Paare für ihre Hochzeit im Sommer 2011 buchen. Den Namen „*DJ Starlight*", welcher mir zwischenzeitlich gar nicht mehr so gut gefiel, konnte ich nicht mehr ablegen: Bis heute gehört er zu mir und meinem Gewerbe, auch wenn ich lieber unter meinem Klarnamen als DJ Oliver Plattig auftrete. Es folgten viele Auftritte, vor allem innerhalb meiner Heimatgemeinde Michendorf und in Berlin oder Brandenburg.

Einige Jahre später lernte ich einen DJ kennen, welcher eine eigene DJ-Agentur sein Eigen nannte. Er hatte bundesweit

Internetseiten geschaltet und konnte auf unglaublich viele Anfragen und Aufträge verweisen, was mich ziemlich beeindruckte. Wir verstanden uns sehr gut und ich habe viel von ihm gelernt. Ohne ihn hätte ich vermutlich meine Preise nicht so schnell erhöhen können, ich habe viel über Google und SEO-Optimierung erfahren, alles war bestens zwischen uns. Als er mir schließlich eines Tages erzählte, dass er todkrank sei, habe ich ihm das geglaubt und in einer Mischung aus Mitleid und Geschäftssinn die Agentur mit mehreren hundert Internetseiten und einem großen Technik-Park für einen fünfstelligen Betrag von ihm abgekauft. Rückblickend lässt sich darüber sagen, dass es sicherlich kein Fehler war, hat es mich letzten Endes in die hauptberufliche Selbstständigkeit gebracht und war für mich der Startschuss zu einem überaus erfolgreichen und bekannten Hochzeits- und Event DJ mit bundesweit exzellentem Ruf. Dennoch war ein Großteil der Veranstaltungstechnik nicht mehr modern und entsprach nicht meinem Anspruchsdenken. Zudem waren die Internetseiten bei näherem Hinsehen schlampig programmiert und ließen sich deshalb später nicht mehr durch eine große Agentur updaten. Alles neu zu entwickeln hätte mich noch einmal mehrere Tausend Euro gekostet, weshalb ich schließlich mit eigenen Projekten neu startete und noch viel erfolgreicher als das Original wurde.

Was mich menschlich am meisten enttäuscht hat, ist, dass ich bis heute nicht weiß, ob diese schwere und todbringende Krankheit Realität war. Der Kontakt brach leider irgendwann auf eine unschöne Art und Weise ab, die vielen Steine, die mir nach seinem Neustart mit meinem Geld und durch seine Freunde/ Kollegen in den Weg gelegt wurden, konnte ich beiseite räumen und blickte anschließend nur noch nach vorn.

In den Folgejahren schaffte ich mir kontinuierlich hochwertige Veranstaltungstechnik an, optimierte meine Angebote, intensivierte meine Marketingmaßnahmen und wurde zu einem der erfahrensten und meistgebuchten Hochzeits DJs in Deutschland. Durchschnittlich 2-3, manchmal auch vier Hochzeiten begleitete ich in den vergangenen Jahren pro Woche.

Die Corona-Pandemie traf auch meine kleine Firma mit voller Härte und sorgte für Verschiebungen, Stornierungen und jede Menge Frust. Ich habe trotz zahlreicher Staatshilfen und Sozialleistungen einen hohen fünfstelligen Verlust hinnehmen müssen, aufgeben war und ist für mich aber niemals eine Option. Und schon allein deshalb werde ich als professioneller Hochzeits- und Event DJ auch in den kommenden Jahren in Deutschlands Veranstaltungslocations zu sehen und erleben sein. Denn Partymusik gehört in die richtigen Hände. Wenn man mich nach meinen Wünschen und Projekten für die Zukunft fragt, dann sind diese klar zu benennen: ein eigener Podcast steht seit langem in den Startlöchern, ein kleines Tonstudio auf meinem Wunschzettel und privat gesehen würde ich in den nächsten Jahren gerne eine Ferienwohnung auf unserer Lieblingsinsel Rügen mit meiner Frau erwerben.

Was höre ich privat für Musik?

Für eine Hochzeitsfeier oder andere Veranstaltung ist mein persönlicher Musikgeschmack vollkommen unbedeutend. Seit Beginn meiner Tätigkeit als DJ habe ich es immer so gehandhabt, dass ich ohne vorgefertigte Playlists und Genres arbeite, ich reagiere intuitiv auf die Stimmung unter den Gästen eines Events. Die jeweiligen Musikwünsche werden an der passenden Stelle integriert und jeder Gast ist am Ende des Abends glücklich. Dass ich dabei oft Lieder spiele, die ich persönlich privat nie hören würde, ist sicherlich jedem klar. Das Schlimmste für mich sind beispielsweise Interpreten wie AC/DC, Paul Kalkbrenner oder Michael Jackson. Dennoch wundern sich viele Kunden, wie es mir dann gelingt, eine tolle Party mit ihren Lieblingen zu zaubern, wenn ich diese Musik überhaupt nicht mag – hier steht aber wie gesagt der Dienstleistungsgedanke über dem eigentlichen Künstler-Dasein. Viele junge Kollegen verweigern den Kunden Sängerinnen wie Helene Fischer oder Andrea Berg, spielen den ganzen Abend nur elektronische Musik und sind im Anschluss erstaunt darüber, dass es schlechte Bewertungen durch unzufriedene Gäste im Internet auf den verschiedenen Plattformen hagelt.

Die Frage, die manch einen beschäftigt und die mir immer wieder gestellt wird: Was hört DJ Oliver Plattig denn nun privat? In diesem Buch verrate ich es und sorge – da bin ich mir ziemlich sicher – für erstaunte Blicke bei dem ein oder anderen. Es ist kein Geheimnis, dass ich großer Fan der Boybands bin. Allen voran Take That, dessen Leader Gary Barlow mein absoluter Lieblingssänger ist. Ich besitze alle

Alben von diesem Künstler und mein großer Traum ist es, ihn einmal live in der Royal Albert Hall in London auftreten zu sehen. Das Gleiche gilt auch für Ronan Keating von Boyzone, meine Nr. 2 unter den Sängern. Ed Sheeran ist ein weiterer Wahnsinnskünstler, den ich unglaublich gerne höre. Erst durch die Boyband Caught in the Act (CITA) habe ich meine Frau kennengelernt, das war im Jahr 1997. Ganz egal ob *NSYNC, East 17, Backstreet Boys oder Worlds Apart: Ich mochte und mag sie alle, dazu stehe ich. Genau wie zu meiner Vorliebe für die Musik von David Hasselhoff. Ich sehe gerade die vielen geschockten Gesichter einiger Leser vor mir. Aber es stimmt, ich besitze alle Schallplatten und CDs seit 1984, auch die Raritäten und habe David bereits mehrmals live auf der Bühne gesehen. Zuerst in der damaligen Berliner Deutschlandhalle, zuletzt 2018 im Berliner Friedrichstadtpalast – 2023 gibt es ein weiteres Konzert in der Verti Musical Hall. Ich gehöre zu denen, die seine Musik mehr lieben als seine Schauspielkarriere. Jetzt ist es raus oder wie manch ein Politiker sagen würde: *„Das ist auch gut so.“*

In meiner Jugend hingen neben Plakaten von Blümchen auch unglaublich viele Poster von Alex Christensen (U96) an meiner Zimmerwand. Ich sage im privaten Kreis immer gern, dass ich Alex für *„Gott“* halte: Einfach Wahnsinn, was der Mann in den vergangenen Jahrzehnten musikalisch auf die Beine gestellt hat. Angefangen mit dem Techno-Klassiker *„Das Boot“* bis hin zu den aktuellen und genialen Aufnahmen der 80er/90er Jahre Klassiker mit dem Berlin Orchestra. Aus meiner Vorliebe zur Ballermann- und Après Ski-Szene mache ich ebenfalls kein Geheimnis. Ich gehöre zu den ersten Fans von Mickie Krause (*„Zeig doch mal die Möpse“*, *„Zehn nackte Friseusen“*), Peter Wackel (*„Scheiss drauf“*) und Ikke Hüftgold (*„Dicke Titten, Kartoffelsalat“*), die heutzutage fast jeder kennt. Und Songs wie *„Johnny Däpp“* (Lorenz Büffel), *„Cordula Grün“* (Die Draufgänger) oder *„Layla“* (DJ Robin Feat. Schürze) singen mittlerweile ganze Generationen.

Das bringt mich auch in die Nähe der Schlagermusik, die ich privat sehr gerne mag. Meine Frau und ich sind riesige Roland Kaiser Fans und waren auch schon auf der legendären *„Kaisermania“* (2022) in Dresden zu Gast. Im September 2020 waren wir während der Corona-Pandemie beim europaweit ersten Konzert im Rahmen der *„Back to life“*-Reihe von SEMMEL Concerts auf der Berliner Waldbühne dabei: Das emotionale, zweieinhalb-stündige Konzert war eine *„Kaisermania“*, nur eben nicht in Elbflorenz, sondern auf einer der schönsten Freilichtbühnen der Welt. Roland hat uns mit seiner Musik durch die Corona-Pandemie begleitet – wann immer wir traurig und deprimiert waren, seine Lieder haben Spaß gebracht und uns aufgebaut. Aber auch Matthias Reim, Tim Peters, Michelle oder Vanessa Mai – moderner, deutscher Discofox, das ist es, was ich sehr gerne höre. Abschließend bleibt dann nur noch ein Künstler, eine Band, zu welchem ich jederzeit auf ein Konzert gehen würde, koste es was wolle. Leider lässt er sich nur alle fünf Jahre in Deutschland sehen – die Rede ist von Bon Jovi. Zweimal war ich bereits in der Waldbühne Berlin dabei, ich hätte nichts gegen ein drittes Open Air. Meine Musik genieße ich über den Streamingdienst Apple Music. Weil bei uns zu Hause ohnehin nur Apple-Geräte vorhanden sind, erscheint das konsequent. Abgespielt wird sie per iPhone über mehrere Homepod Minis im gesamten Haus oder die heimische Soundanlage von Devialet, im Firmenwagen kommt der Sound per Apple Carplay auf die zahlreich installierten Premium-Boxen. Regelmäßig schaue ich im Internet auf Youtube Premium die neuesten Musikvideos meiner Lieblingskünstler, oft gemeinsam mit meiner Frau. Gerade während der Corona-Pandemie fanden an den Wochenenden bei uns immer lange Wunschmusik-Sessions bis tief in die Nacht statt.

Meine ersten Schallplatten nach der Wende waren die Maxi von Blue System *„Magic Symphony"* (Dieter Bohlen) und das Album von David Hasselhoff *„Looking for freedom"*, welche ich mir vom Begrüßungsgeld für DDR-Bürger in der Müllerstraße in Berlin-Wedding kaufen durfte. Das für mich großartigste Album aller Zeiten ist von The KLF *„The White Room"* aus dem Jahr 1991.